JN320378

マネー避難
危険な銀行預金から撤退せよ!

藤巻健史

GENTOSHA

はじめに

3月11日の東日本大震災の被災者の方々に心からのお見舞いを申し上げます。

4月2日の話ですが、某有名大学院修了の診療放射線技師&医学物理士の友人に家内がメールを出しました。

「毎日のニュースで憂鬱な日々です。今の放射能の数字についてはどう思います?」

と質問したのです。すると友人いわく、

「私の専門は放射線で、ご質問は厳密には放射線防護の範疇《はんちゅう》の話ではありますが」

と、ことわりが入ったあと、

「放射線腫瘍医や放射線生物学を研究している人たちの説明と同じく、問題ないと思います。明らかにチェルノブイリとは違います。ただ、低線量被曝《ひばく》は扱いが難しいのです。放射線ホルミーシスといって、微量の放射線は浴びたほうがよいというエビデンスもあります。もともと自然放射線の量は地域によって差があります。放射線管理の観点から低めの基準値を設定しなければならないので、それを超えたからといって必ずしも影響が出るというものではありません。**それより経済（私の専門外ですが）のほうが心配です。ただでさえ借金まみれの日本だったのに……**」という回答でした。

もちろん、放射能に対する判断は、今後の原発の処理いかんでしょう。

でも、この友人が専門外なのに心配するほど、日本経済も大変なのです。

この本を最後まで読んでいただけるとわかりますが、私は**今後の日本経済は多くの識者が予想しているより、大幅に悪化する**と考えています。

もちろん原発の処理次第ではありますが、大震災だけだったら、ここまで悲観的にはならなかったでしょう。日本の底力を信じているからです。

問題は、財政が破綻寸前の時に、この大震災が起きたことです。国にお金がない時に、そして国の借金が限界に達している時に、この大災害が起きたことが大問題なのです。

講演や本でも話してきましたが、私はもともと国債未達（国債が完売できない）がきっかけで国債の売りが始まり、さらに株安と円安も加わったトリプル安によって日本の財政が破綻すると思っていました。そして、その後の大幅な円安によって1997年の韓国の通貨危機のように、日本も復興すると思っていたのです。一方で**震災前は、トリプル安になっても、日本人が地獄を見るほどの事態にはならないだろうと考えていました。**

しかし、この大震災が起きたことにより、財政破綻の時期が早まるだけでなく、その谷が一層深くなり、より長く最悪の経済状況が続くと思うようになったのです。

5月25日に、日銀の白川方明総裁が、日銀が国債を直接引き受けることについて、「無から有を生み出す打ち出の小づちのような便利な道具はそもそも存在しない」と述べ、明確に否定しました。

が、そうは言っても、それ以外に他に打つ手はないと思うのです。

そして実際に「日銀引き受け」を行えば、確実に円は暴落します。「日銀引き受け」をしなくても、財政がいったん破綻しない限りは解決できないほどの累積赤字が溜《た》まっていますし、銀行や保険会社、郵便局ももはや国債購入に回すお金がないのです。

日本人は銀行に円で預金をしている方がほとんどだと思いますが、国債が未達になりハイパーインフレになれば、円の価値が暴落します。そうなると、何年もかけてコツコツ貯めた１００万円がタクシー１回の乗車でなくなってしまうこともあるのです。ですから私は、銀行に円で預金をしていることが一番のリスクだと言っているのです。

早急に「お金を避難」させて、「資産を防衛する」こと。財政が破綻した政府に、お金について頼れるわけはないのですから、自分で自分の財産を守ることを考えなければならないのです。

そのためには、日本経済の現状を知り、行動に移すことが重要です。

今現在は銀行預金からの避難の必要性をそこまで感じなくても、経済の実態が悪化し、予算が組めなくなる事態が起きた時、必ずや実感すると私は思います。

明るい朝を迎えるためにも、しばらくの間は自分自身の資産を守って、生き延びることを考えるべきなのです。

この本ではその海図を示したいと思います。前半部分は現状分析と、近き将来の話ですから、正直暗いです。しかし、それを受け入れる勇気も必要だと思うのです。

我々は明るい未来のために、どん底から這《は》い上がらなければならないのです。

この本で私は「今こそ銀行の円預金をやめ、外貨分散投資が必要だ」と主張しています。

しかし、ノウハウ本だけで得た生半可な知識で外貨投資をした場合、経済や金融についての雑音が聞こえるだけでオタオタしてしまいます。

一方、為替や経済のしくみを深いところまで理解して行動する人はオタオタしません。自信が持てるからです。せっかく外貨分散投資をしても、円安が少し進むと、投資した分をすぐ売却したりして大きなトレンドに乗りそこなう人がいらっしゃいますが、そのようなことをしなくなるのです。

偉大な投資家たちは経済の大きなトレンドを認識し、なぜ自分がそういうスタンスを取るのか、そのバックグラウンドを明確に認識しています。だから、堂々としているのです。

今や中途半端なノウハウ本で得た知識で乗り切れる時代ではなくなりました。

この本でぜひ経済や為替、金融マーケットのしくみを勉強していただき、深く理解したうえで行動していただきたいと思います。

INDEX

Part 3 震災後、日本経済はどう動いたか

Part 4 電力不足は経済にどう影響するか

Part 5 財政破綻に拍車をかける大震災

～資金繰りはどうすべきか

Part 6 国債・円・株の暴落は避けられない

Part 7 日本経済はこれからどうなるか

Part 8

豊かでなくとも、豊かに生きる

Part 9

危険な銀行預金から撤退せよ!

~震災後の資産防衛法

Part 10 日本経済復活へ向けて何をすべきか

電気料金を値上げすれば、こんなにうまくいく!
「メタンハイドレート」は有効か?

Part 11 日本経済復興へのシナリオ
~長引く不況を分析

Part 12 円が暴落した後、日本は復活する

装丁／多田和博
写真／ヤマグチタカヒロ
図版・ＤＴＰ／美創

Part1

日本の財政はここまで悪化している！

日本の財政はギリギリどころではない

まずは日本の財政事情を簡単に復習してみましょう。

２０１１年の３月末で累積赤字は９２４兆円と巨大なものになりました。この数字は巨大です。どう巨大かと言えば、毎年10兆円ずつ返しても、９２４兆円を返済するには92年かかるからです。その返済すべき10兆円を絞り出すのは大変です。ちなみに２０１２年3月末の財務省予想は１００２兆円だそうです。

今回の震災に対する補正予算でも政府が数千億円の原資を探し出すのに四苦八苦しているのを見ればわかるでしょう。２０１１年度の歳入は予算段階で48兆円です。それなのに歳出として92兆円も使おうとしています。48兆円の歳入だと歳出を38兆円に抑えて、やっと10兆円が浮くのです。そして、それを92年続けて、やっと借金を完済できるのです。

ところが、本来、歳出を38兆円に抑えるべきところを、92兆円も使ってしまうのです。これでは100年どころか、200年たっても300年たっても借金を返せるわけがありません。それほど累積赤字が溜まってしまったということなのです。

◎金利の支払いだけでアップアップ

もう一つの大きな問題は、借金元本がここまで大きくなると、金利の支払いに四苦八苦するということです。現在の924兆円もの借金とは、金利が1%上がるごとに9・2兆円ずつ金利支払額が増えるということを意味します。

ただ、正直これは少し脅かしすぎです。924兆円の借金の一部は、固定金利の国債発行で賄《まかな》われているからです。固定金利ですから、満期まで支払い金利は変わりません。したがって、日本銀行が金利を今日1%上げたからといって、明日からすぐ金利支払額が9・2兆円増えるわけではないのです。

たとえば、２％固定金利の10年国債の残存期間が８年あるとするならば、この国債の金利支払額は残り８年間は変わりません。８年後に新しい金利となるのです。

そうはいうものの元本が９２４兆円ですから、金利上昇１％あたり、いずれは９・２兆円の金利支払増です。これは算数です。９２４兆円×１％＝９・24兆円。**５％も上がると46兆円を超える金利支払増なのです。**今、歳入が48兆円しかないのですから、歳入のほとんどが金利支払いに消えてしまう計算です。

国家公務員の給料も出ないし、年金への補助金もありえなくなるのです。

９２４兆円の借金とは、元本を返すのが大変なだけでなく、金利が上昇し始めたら、にっちもさっちもいかなくなる金額なのです。

「景気がよくなれば、税収が増えるから大丈夫だろう」とおっしゃるかもしれません。

しかし、狂乱経済と言われたバブル最終年の１９８９年でさえ、税収は60兆円にすぎませんでした。たしかにあの時は消費税が３％でした。しかし当時、消費税が５％だったとしても、税収はせいぜい65兆円にすぎなかったと思います。**消費税は１％あたり２・５兆円だからです。**景気がよくなることで歳入が２００兆円、３００兆円と増えるのならば問題なしですが、65兆円ぽっちでは、どうにもならない話なのです。

財政問題の根は果てしなく深い

ギリシャ危機が世間で騒がれていますが、ギリシャ危機は金融危機に対し、国が銀行を守ったりするために財政出動をし、それで累積赤字が溜まったという最近の話にすぎません。

しかし、日本の場合はバブル崩壊以降、巨大赤字をズーッと積み重ねてきた結果なのです。20年以上も巨額赤字を積み重ねてしまったのですから、西欧諸国よりよっぽど事態は深刻なのです。

ところで、こんなに累積赤字が溜まっているのに、なぜ今まで日本は資金繰りが可能だったのか、すなわち借金ができたのでしょうか？

国が発行する国債を買ってくれるのは、基本的には金融機関です（図1）。金融機関のうち、保険会社は加入者から支払われた保険料で国債を買いますし、銀行は国民からお金を預かって、一部を企業などへの貸出に回し、一部を国債で運用してきたのです。郵便局も同様です。

銀行の本業は貸出ですが、バブル崩壊後、景気がよくなかったため、民間企業への貸出が伸びませんでした。そこで貸出に回せなかった分で、国債を買っていたのです。

というのも預かったお金を運用できなければ、銀行員の給料どころか、お金を預けてくれた預金者に金利すら払えなくなってしまうからです。

ですから他に運用先がない以上、国債がいくら低利回りになっても買い続けたのです。

ちなみに、ゆうちょ銀行は一時期、預かったお金の80％以上を国債で運

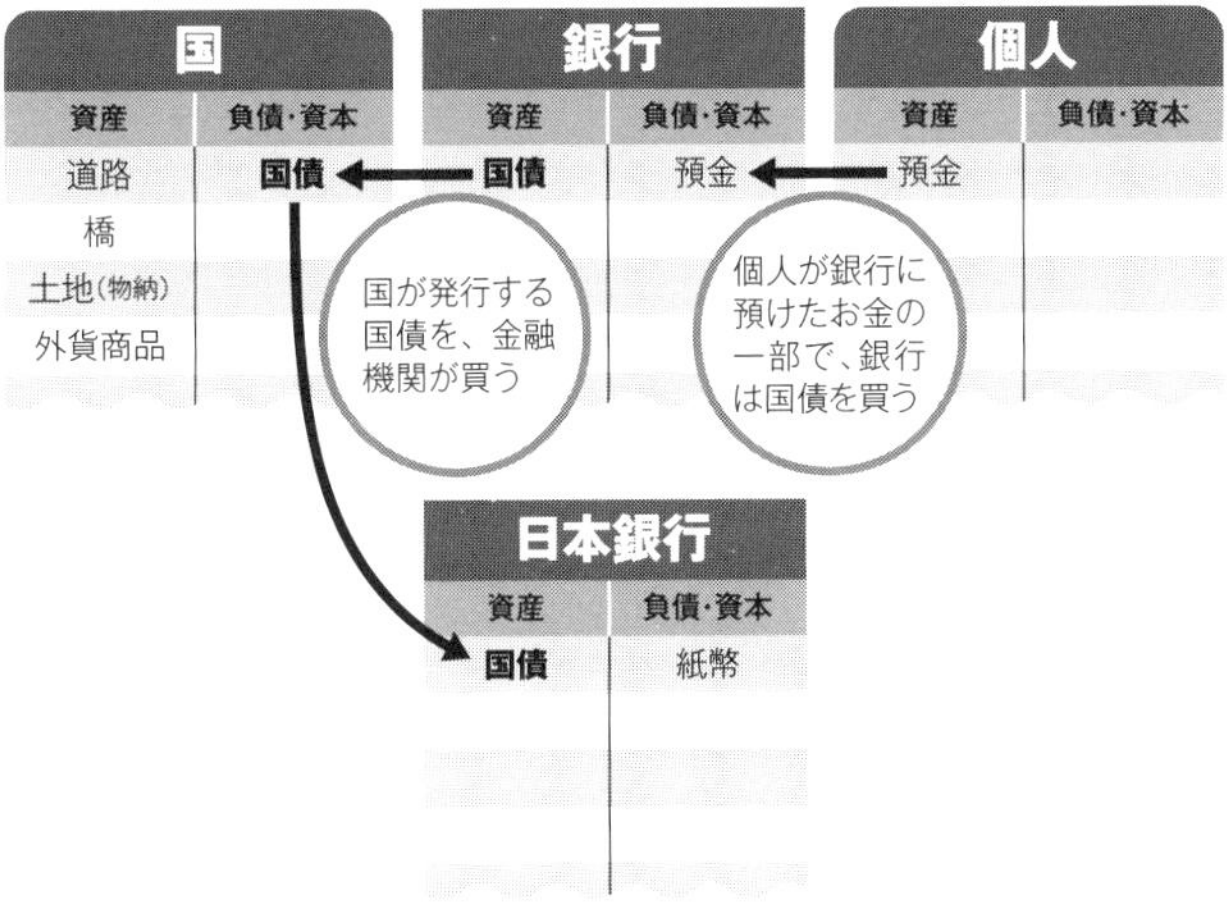

図1　国債を買う財源はどこから来ているのか

用していました。

ちなみに、「銀行が預かったお金のうち、どのくらいを貸出に回したか」の割合を預貸率《よたいりつ》といいますが、**預貸率は10年前の98％から、現在73％まで下がりました。これは国債購入に回すお金が増えたことを意味します。**

以上が、日本のお金の大雑把な動きです。

言うなれば、日本国債は金融機関経由で個人が買っていたのです。

日本人は預貯金が大好きなようで、個人金融資産の半分以上が円での預貯金です。これは他の先進国と比べると非常に高い割合です。その個人金融資産が増えていなかったにもかかわらず、金融機関が国債を買い続けるお金を捻出できていたのは、企業への貸出が減少し続けてきたからなのです。

国債の２０１０年度の発行額は約44兆円。２０１１年も予算段階では約44兆円を発行することになっています。これは毎年必要になる新しいお金だという点に注意してください。毎年毎年、必要なお金なのです。バブル崩壊以後、40兆円とか35兆円とか赤字が続いたわけですが、毎年、それだけの新しいお金が必要だったということです。

この原資は先ほど述べたように、国民のお金、すなわち２０１０年末現在１４８９兆円あると言われる個人金融資産なのですが、その個人金融資産はこの10年間で増えていないのです。

景気がよく、毎年個人金融資産がぐいぐい増えていればいいのですが、実際には１９９９年に１４０１兆円だった個人金融資産は、２０１０年は約１４８９兆円ですから、11年間で88兆円しか増えていないのです（図２）。たとえば、個人金融資産が毎年１５０兆円ずつでも増えていれば問題ありません。個人が１００兆円を銀行に預け、

年	資産／兆円	年	資産／兆円
1985	627	1998	1,328
1986	724	1999	1,401
1987	833	2000	1,389
1988	926	2001	1,371
1989	982	2002	1,357
1990	1,017	2003	1,408
1991	1,026	2004	1,427
1992	1,076	2005	1,517
1993	1,134	2006	1,543
1994	1,177	2007	1,465
1995	1,256	2008	1,409
1996	1,260	2009	1,453
1997	1,286	2010	1,489

日銀webサイトより作成

図2　個人金融資産はここ11年間で88兆円しか増えていない！

50兆円を株式投資に回す。銀行は預かった100兆円のうち50兆円を貸出に回し、50兆円を国債購入に充てれば、毎年発行の四十数兆円の国債はなんなく消化されていきます。

しかし景気がよくないので、個人金融資産は増えていないのです。ここが問題です。それなのに、毎年40兆円とか35兆円とかいう国債を買うお金がどこから降ってきたのだろうという疑問が残るのです。

大震災で財政破綻の日が急速に近づいた

政府予算案や個人金融資産額をすべて1000万分の1にして、家計の問題として考えるとわかりやすいと思います。

年収481万円の人が、今年は924万円使うとします。足りない443万円は兄貴からの借金で賄おうというのが、2011年度政府予算案です。兄からの借金総額は、長年の借金がたたり、今や9240万円まで膨れ上がっているのです。

ここまできても「兄には1億4890万円の金融資産があるのに、弟にはまだ92

40万円しか貸していないから、あと5650万円ほど貸せるよね？」という楽観論者がいるのには驚きます。

日本国の個人金融資産は、11年前の1401兆円から88兆円しか増えていません。兄貴は景気が悪かったので、11年前の1億4010万円から1億4890万円と、880万円の金融資産しか増やせていないのです。

それなのに、毎年毎年、弟に440万円ずつ貸すことができたのは、妹に貸していた金を引っぺがしたり、保有していた株を売ってきたからです。

国レベルでいえば、金融機関が企業への貸金を引っぺがして、その分で国債を買い続けてきたからです。幸か不幸か不景気で企業の資金需要がなかったからできた話なのです。

◎危機的状況の中で、震災が起こった

こんな自転車操業が、いつまでも続くわけはありません。入札時に国債を買う金の工面がつかない日が、近々、必ず来ると思うのです。

日本国の資金繰りは、それほどまでに綱渡り状態だったのです。ポートフォリオの

組み換えで何とか生き延びてきたわけですが、それが10年以上続いていたわけです。**その状況の中で、これだけの大震災が起きたのです。**

政府がさらにお金が必要になった一方、さらなる景気低迷で、税収は大きく減るでしょう。「仕方ないから、借金に頼ろう（国債を発行しよう）」と言っても、**民間金融機関には国債購入に回す資金などなくなってしまっているのです。**

そして、その金融機関は復興資金需要増に応えるため、保有している国債を売却しようとするかもしれません。

たとえば公的年金を運用する独立行政法人（ＧＰＩＦ）も、国債の売却を開始し始めました。高齢化を背景に、年金給付額が保険や税金で賄いきれなくなったためです。ＧＰＩＦは国債発行残高の１割を保有する大口投資家ですから、これは大変なニュースです。

そこで困り抜いて、足りない資金を日本銀行が供給するようになると、それこそお金がジャブジャブになり、紙幣がただの紙切れとなっていきます。ものすごいインフレです。これも、**当然「財政破綻」の一種です。**

後でお話ししますが、**私はこの可能性が高いと思います。**

まさに弱り目に祟り目で、財政破綻の日が急速に近づいたと思わざるをえません。「頑張れば大丈夫だ」とか「みんなで国債を買い支えよう」という精神論は、終戦末期の「頑張れば米国に勝てる」とタンクに竹やりで向かったのと同じだと思えてならないのです。

Part2 分不相応に贅沢だったこれまでの生活

なぜ国は支出を減らせなかったのか

家計なら、収入が減れば支出を減らします。

しかし今まで述べてきたように、国家は景気が低迷したのに、歳出を減らしませんでした。

2011年度当初予算の92兆円のうち、29兆円が厚生労働省の予算です。昔、ある党が減らせ、減らせと騒いでいた防衛省予算の4・9兆円と比べてみてください。防衛省の予算は多くの部分が人件費ですが、あんなに大震災で働いてくれているのに、4・9兆円しか割り当てられていないのです。

「増税の前に支出を減らせ」という議論をよく聞きますが、その提言は耳に快《こころよ》いと思います。しかし実は、国家の支出の４割は社会福祉関係なのです。

厚生労働省の歳出だけからみると、社会福祉費は滅茶苦茶に多いとは思われないかもしれませんが、多くが地方交付税や社会保障に充てられた公債費のことを考慮に入れると、社会福祉関係は歳出の４割と考えるのが正しいようです。

「公債費は過去の支出であり、そのほぼ40％は社会保障費にあてられている。又地方の財源となる地方交付税は、地方支出で高いウエイトを持つ「民生費」〈地方の社会保障費〉を支える。だから40％と言う数字が実質的意味を持つ数字である」〈内山昭編著『現在の財政』〈税務経理協会〉47頁〉

社会福祉費を減らさないと、本当の意味での支出減にはなりません。歳出92兆円の４割といえば、37兆円です。48兆円の歳出で国債の金利を支払い、37兆円も社会福祉費に使おうとしたら、自衛隊をはじめ、国家公務員に給料を払えるのでしょうか？

「歳出を減らせ」と勇ましく言っている人に「社会福祉費が最大の支出なのだから『社会福祉費を削れ』と主張しなさいよ」と言ったら、きっとみんな黙ってしまうでしょう。格差議論真っ盛りの日本では、社会福祉費削減は誰もが口にできない聖域だったのです。

ひょっとすると、社会福祉費を守るために防衛費を減らせという議論が出てくるかもしれません。

しかし、防衛大学校の村井友秀教授によると、2000年からの10年間の国防費について、ロシアは8・63倍、中国は3・92倍、韓国は2・04倍、米国は2・26倍、オーストラリアは1・97倍、EUは1・31倍に増やしたそうです。

ここにはあがっていない武力至上主義の国をはじめ、日本周辺の国々が国防費を増やしている時に、**日本は0・96倍と減らしているそうです。**

領土問題で何となく緊張感が増している時に、これ以上防衛費を減らし、社会福祉費に回すべきだとは私には思えません。

豊かさを先取りしてしまった日本

本来、身の丈に合わせて、政府が年金や生活保護等社会福祉費を削減していれば、国民はかなり貧しい生活だったはずです。しかし国は、それを回避するために借金を続けてきました。

先に述べたように10兆円ずつ返して92年かかる借金ですから、子どもや孫だけではありません。ひ孫やその先の代まで、我々が作った借金を返すために馬車馬のごとく働かなければならないのです。今回の震災で子孫たちはさらに貧しい生活を強いられるかもしれません。それなのに、我々が作ってしまった借金を返していくなどかわいそうすぎます。

そういうことを考えると、我々世代は、この震災を機に、本来のレベルまで生活水準を落とさざるをえないのです。

と同時に、市場がそれを選択すると思います。

その意味で、我々はこれから「豊かさとは程遠い」時代を経験するのです。

つまり、身の丈に合い、収入に見合った生活を余儀なくされるということです。

震災直後は、直接被害だけで100兆円などという数字も巷《ちまた》ではささやかれていましたが、内閣府の推計が出て、地震や津波の被害額は16兆～25兆円ということになっています。ただこれは、道路や住宅、工場などに限った数字で、原発関連費用としてさらに莫大《ばくだい》な被害額が上乗せされるでしょう。

原発関係の損害は、東電1社で補償できる金額ではないので、いずれ国がそのコストを負担することになるはずです。

もともとの財政赤字に、このようなコストが上乗せされてくると、社会保障費に回したくても、回すお金がなくなるはずです。

当然、年金や健康保険の給付、介護手当などをカットするしかなくなると私は思います。

今こそ準備をしておく時

脱線ながら、現政権はこの場に及んで、まだマニフェストに固執し、子ども手当のつなぎ法案を通しました。唖然《あぜん》とするしかありません。日本にはもう金がない、という現状を全く認識していないのです。

万が一、まだ多少の金が残っているとしても、2兆数千億円の子ども手当の予算はすべて原発処理費に充てるべきです。現場の作業員に1週間働けば家1軒建つくらいの給料を渡せば、技能のある交代作業員も確保できるでしょう。

マーケットに限らず、「ハイリスク／ハイリターン」「ローリスク／ローリターン」の原則が働くと思います。被曝のリスクがあるのに、通常の作業に毛が生えたくらいの賃金では、普通の人なら働くのを嫌がります。もちろん郷土愛や、責任感で働いてくださる方もいらっしゃるでしょうが、その人たちだけに頼るべきではないと思います。

チェルノブイリ事故の時のように、「放射能被曝か、敵前逃亡の銃殺か？」と決死隊を命令で組織した旧ソ連邦とは違う政治形態なのですから、報酬で報いるしかないのです。

子どもを持つ親としては、ひと月に1人1万3000円もらうより、放射能漏れを1日でも早く止めてもらったほうがうれしいと思います。現状では子どもを産むのも不安になります。**放射能漏れを止めることこそ、今現在の少子化対策なのです。**そこにお金を使うべきです。

話をもとに戻しますが、このままでいけば、国がにっちもさっちもいかないことは、国民は感覚的にわかっていたのではないかと思います。累積赤字問題の議論が高まっていたからです。

しかし、政治家は票集めのために、国民は私利私欲で、「もらえるものならもらいたい」と、この財政赤字問題を強く追及してこなかったのです。

年金受給者は、自らの収入を減らす議論は避けて通りたいものです。

しかし、この震災を契機に、もう今までのような贅沢《ぜいたく》な暮らしは無理になったと覚悟を決めざるをえないと思います。それを考えて、準備をしておく必要があるのです。

Part3

震災後、日本経済はどう動いたか

工場被災で初めてわかった企業の実態

震災以降、企業を取り巻く環境は一変しました。たとえば、多方面の業界に供給されている石油化学製品の供給不足が深刻になりました。これらが不足すると、半導体の供給も途絶え、電子部品が安定的に供給されなくなるわけです。

このように部品や素材を含めた「サプライチェーン」と呼ばれる調達網が寸断されると、最終製品の生産が止まってしまいます。自動車産業がその典型で、3月中旬には国内生産がほぼ止まってしまいました。

2011年4月7日の朝日新聞朝刊五面には「生産再開の準備を整えた部品メーカーもある。ただ1台あたり3万点近くの部品を使う自動車は、一つでも欠けると生産できない」とあります。

これは日本経済にとって深刻な事態です。

今の経済に悪いというだけでなく、将来的にも大きな不安材料となります。

というのも、日本国内に部品調達網を限定しているリスクを、経営者が理解してしまったからです。


自動車業界でいえば、日系企業が、「日本の部品の優秀さは理解できる。しかし最近は中国製の部品もかなりよくなってきた。今回のようなリスクを考えると、中国製でも、まあいいか」と部品調達先を海外にシフトする可能性が高まったのです。

それを聞いて「国外から部品を調達できるのであれば、日本の会社は何ら問題がないではないか」などと安心してはいけません。皆さんは会社の経営者ではないのです。この意思決定が日本国民にとって望ましいか否かを考えなければなりません。

部品の海外調達が加速すると、日本人の雇用は減り、日本での投資は減ってしまうのです。下請け会社はモロ大変です。仕事がなくなってしまうからです。日本人にとっていい会社の条件を考える時、会社の国籍は関係ないのです。日本人を雇ってくれる企業が、日本人と日本政府にとっていい会社なのです。日本の名前がついていても、従業員が全員外国人で株主も外国人では、日本人になんのメリットもありません。裏返せば、部品を外国製に乗り換えられるということは、日本の労働マーケットや下請け会社、地域社会などにとって大打撃だ、ということなのです。

消費者の〝気〟が景気を左右する

震災後は供給不足だけではなく、消費マインドの冷え込みも大きな問題になっています。

景気の不透明感、雇用不安等から人々がお金を使わなくなったのは十分理解できます。

2011年3月30日の日経新聞夕刊によると、3月の新車販売（軽自動車は除く）は前年に比べ3割減、テレビは1割減で推移しているとのことです。

また、傘下にコンビニ、総合スーパー、百貨店を抱えるセブン&アイ・ホールディングスも、消費者心理の委縮などで客数・客単価が落ち込み、2012年2月期の純利益は前期比22％減の見通し、と発表しました。

私自身も、先日スーパーに買い物に行って驚きました。皆が皆、商品を裏返して生産地を確認してから購入しているのです。

「被災地のものを買ってあげましょう」は心情的には非常によくわかりますが、あの光景を見ると、現実はなかなか厳しいということがわかります。生産地を気にしながらの買い物では、気が滅入ります。被災地産のものだけでなく、余分なものなど買わず最小限の買物ですませるでしょう。

このように消費の委縮は半端ではありません。そうは言っても生活必需品を売っているスーパーやコンビニへの影響は限定的かもしれません。問題は高級品です。高級品の売れ行きは今後ともかなり落ち込むと思います。このような時には人々は不要不急品を買わないからです。

金持ちがお金を使わなくなると、経済は急速に委縮します。景気の悪化、好転は、多くの場合、金持ちが先導するからです。

◎不動産マーケットはこう動く

高級品の代表である不動産の販売も苦戦が予想されます。

たしかに震災直後に、原材料高騰を予期した人の購入で、マンション販売が伸びたというニュースを聞きました。

しかし、これが続くかはよくわかりません。……と書いたところで、本日、2011年4月15日の日経新聞朝刊九面で「マンション販売に陰り」という記事を見つけました。不動産経済研究所（東京・新宿）の予想によると、マンションの新規販売戸数は「首都圏では4月は10〜15％程度は減る」のだそうです。やっぱり、と思いました。

まずは今回の震災で液状化現象にあった地域の住宅、マンションの買い控えは当然起こるでしょう。たたき売りがあるかもしれません。災害に弱いと判明した地域の価格下落は大きいでしょう。

それだけではなく、今後、景気の下落が鮮明になり、失業のリスクが大きくなれば、人々はローンを組んでまで家を買おうとはしないでしょう。購入を先送りして様子見のスタンスを取ると思われます。まずは賃貸住宅で様子を見ようということになると思うのです。

ちなみに、その意味では、東京圏の海沿いから離れた地域の賃貸物件の需給は引き締まると思います。

ただ、そうは言っても、これだけいろいろなリスクが考えられる今日、銀行からお金を借りて新たに賃貸用マンションを建てるガッツのあるオーナーも少ないはずです。そういうことを考えると、不動産の販売、新築はかなり減少すると思うのです。

家の購入は、波及効果の大きい行為です。ベッド、カーテン、電球、その他の大量の買い物が付随します。ですから不動産販売の低迷は、日本経済にとって大打撃なのです。

サービスの落ち込みも当然起こります。

日経新聞社が17の主要レジャー施設に、震災発生後から3月末までの状況を尋ねたところ、回答施設の4割強で入場者が5割以上減ったそうです。被災地である首都圏の施設だけでなく、「西日本でもレジャー自粛等で大半が1〜3割減った」そうです。

(2011年4月8日　日経新聞)

通常は半年で8割程度に戻るそうですが、今回の震災の規模や原子炉問題を考えると、半年後に回復するかは極めて疑問です。

◎景気動向に一番影響を与えるのは何か

さらには、逆資産効果の影響もつらいところです。

エコノミストが給料、失業率、ボーナスの増減が景気の動向に重要だと考えるのに対し、ディーラーとしての長い経験から、私は**景気の動向に一番影響を及ぼすのは、資産価格だと思っています。**

バブルの時は、なぜ狂乱経済だったのか？

なぜ「シーマ現象」と呼ばれるくらいに経済が狂乱したのか？

それは地価と株価が急騰したからです。土地と株式を持っていた人が金持ちになったつもりになって消費を増やしたからです。

これを**資産効果**と言います。その消費を見て株価がさらに上昇するという好回転が始まったからこそ、狂乱経済だったのです。ちょっと度が過ぎて大きな問題を残しましたけど。

一方、数年前に多くの米国エコノミストたちが、「米景気が近い将来悪化する」と予想していました。その時の彼らの理由づけは、「米国の不動産と株は、今バブルで、近い将来はじけるから」でした。不幸にもそれが当たってしまいましたが、まさに彼らは逆資産効果を予想したのです。

今回、大震災で株価が下落しています。経済実態や企業の業績を考えると、今後もさらに大幅に下落すると思っています。

また、先ほど述べたように不動産も需要が減り、一時的でも価格下落がありそうです。大量に超高額物件を買っていた中国人が、潮が引くように不動産マーケットから撤退しているのも打撃が大きいでしょう。

そうなると、株価下落や不動産価格の下落が消費を下方に引っぱって、それがさらに株価や不動産価格を押し下げるという逆資産効果が始まってしまいます。

悪循環です。景気が悪くなって最初に失業等の不利益を被るのは、経済弱者です。株価対策や不動産対策は、もっとも有効な景気悪化防止策なのですから、経済弱者のための政策だという認識が必要なのです。いつも言っていることですが、政府の株価対策や不動産対策というのは、決して金持ちのための政策ではないのです。

今、この時期、株価や不動産価格を上げる政策は、円安政策以外にはないと思います。配当やキャピタルゲインに対する課税強化（資産課税強化）など、株価や不動産価格の足を引っ張るような政策だけは取って欲しくないと思います。

観光業不振は円安要因になる

4月上旬に家内と京都に行きましたが、どこもものすごく空いていました。外国人など皆無と言っていいくらいいませんでした。普段の京都とは様変わりです。タクシーの運転手さんが「観光客の主力だった関東からの客が激減だ」と嘆いていましたが、これは関東の人々の気分が委縮しているからでしょう。

ただ幸いなことに、関東の人は「京都が危ないから来ない」わけではありませんから、多少時間がかかるにしても、気分が改善すれば戻ってくるでしょう。

しかし、外国人観光客の場合は厄介です。観光地がいかに原発と離れた位置にあろうとも、「日本＝汚染」のイメージで日本を見るようになってしまい、日本列島全体が危ないように感じてしまっているからです。

3月に来日した外国人は、日本政府観光局が4月14日に発表したところによると、前年同月比50・3％減少したそうです。3月11日の震災以降に限れば、落ち込みはもっと激しいと思います。

これは風評被害の最たるものではありますが、外国人観光客の立場からみれば、「仕事ならまだしも、リラックスしに行くのなら、少しでもリスクのあるところは絶対避ける」のは自然です。

ところが、残念ながら「日本は安全だ」と外国人を納得させる簡単な方法がないのです。「放射能が検出されません」と言うだけでは、レジャー客は戻って来ません。嘘をついているとは思わないまでも、「調査漏れだってありうる」と考えるだろうからです。「人のうわさも75日」との諺《ことわざ》のように、時間という処方箋《せん》しかないように思います。

京都や銀座のように、普段から訪れる外国人は多いが日本人の観光客や買い物客も多い場所はまだいいのですが、オーストラリア人に人気のスキーリゾート・ニセコや、中国で映画になり、中国人の観光客でごった返していた阿寒湖や網走等、外国人が主力のお客だった地域は、苦しい時期がかなり長く続くことを覚悟しなくてはならないでしょう。

なお、この事態は国際収支統計でのサービス収支の悪化を意味します。後で話しますが、円安要因の一つです。

唯一のいい点は、「不法入国外国人」が急速に減っていくことだけでしょう。

もっとも、彼らは日本から逃げたいにもかかわらず、「パスポートがないので日本から出るに出られず」、四苦八苦していると聞きました。

しかし、入国の時と同様、なんとか工夫してパスポートなしで日本から逃げて行くことでしょう。

復興資金の捻出は国債暴落の一因になる

某大手銀行が、東電からの2兆円融資の依頼を引き受けるそうです。

また東電に限らず、東日本大震災からの復旧作業を急ぐため、企業が資金確保に動いています。

２０１１年４月８日の日本経済新聞によると「大手７行が震災後に受けた融資や与信枠の要請額は、４月７日時点で８兆４０００億円」だそうです。運転資金や資金の一時手当のための「つなぎ資金」、工場再建などの復興資金需要が大半だそうです。

企業は資金需要が増加するとともに、手元資金を厚く持とうとするでしょう。

個人も同じです。

私も固定性の資金を、流動性の高い外貨建てＭＭＦ（マネー・マーケット・ファンド）に多少なりとも移しました。現金も多少多めに持つようにしました。緊急時の人々の典型的行動だと思います。

被災者の方の中には銀行から融資を受けず、自己資金で復興をされる方もいらっしゃるでしょう。この方々は預金を引き出します。

これらの行動は何を意味するでしょう？

銀行は不景気で融資が伸びず、しょうがないので余裕資金で国債を買っていました。

この国債購入原資が減るということを意味するのです。

Part4

電力不足は経済にどう影響するか

資本主義国家が電力使用量を制限していいのか

前のPartでは現在の経済状況を述べましたが、このPartでは、今後の日本経済がどうなるかを述べたいと思います。

最大の問題は電力不足です。産業の米とも言われる電力が安定的に供給されなければ、企業の生産が落ちるのは当然です。

また、暑くて仕事の能率が上がらない。町は暗いから早く帰宅し、飲食店の売り上げが落ちる。冷凍食品が東京へ出荷できない。高校野球も開催が危ぶまれ人々の発散の場がなくなる等々、景気への悪影響はいくらでも考えられます。物理的にも精神的にも経済の下押しが進むのです。

政府は電力不足に対処すべく、火力発電所の再稼働やガスタービンの新設を進めているようですが、今夏に間に合うわけではないでしょう。この予想される電力不足や社会混乱に対して、政府は大手企業に対し、電気事業法27条による電力使用制限令を発動するようです。

ちなみに私は、このことに関しては極めて疑問に思っています。法律に基づき国が電力使用量を制限することが、資本主義国家として正しい選択なのでしょうか。

電気料金の値上げは避けられない

ところで、電力使用制限令を政府が発動しようが、しまいが、今後、電気料の大幅値上げが起こると私は思っています。

世論のこともあり、原子力発電がフル稼働しない以上、当面、火力発電に頼らざるをえません。火力発電のために必要な重油や液体化天然ガスの価格は、新興国のエネルギー需要増、資源ナショナリズムの拡大、中東諸国の政治的不安定化等で国際的に上昇しています。震災前と比べても、すでに1～2割上昇しているようです。今述べた理由に加え、GDP世界第3位の我が国が火力発電用に需要を増やすことが予想されるのですから、値上がりは当然といえば当然です。

さらには、（後で述べますが）私は大きな円安が進行すると思っています。そうなると日本にとって、これらのコストは急騰します。

1ドル80円が1ドル160円になれば、それだけで燃料の輸入コストは円貨で2倍になってしまうのです。

だからと言って原発を再開して、安い電力を得ようという事態には当面ならないと思います。原発への不信感が強烈だからです。1986年のチェルノブイリ原発事故以降、欧州諸国の多くは脱原子力を進めてきました。

日本でも、欧州同様に、そう簡単には原発再開はできないと思うのです。浜岡原発の全面停止がよい例です。そうである以上、輸入エネルギーコストの上昇による電気料の大幅値上げは避けられないと思います。

私が原発に反対する理由

私自身も原発はもう嫌です。今までは「原発は必要悪」と認めてきたのですが、今は、その考え方は間違いだったと思っています。安い電気で豊かな暮らしをするために、若い世代の将来を犠牲にするのは間違いだと思うようになりました。

私は1979年のスリーマイルアイランド事故の時は米国留学中で、ハラハラしながらテレビを見ていました。

1999年の東海村の事故の時は、当時はあまり報道されていませんでしたが、モルガン銀行の外国人部下の逃避行を見て、私は他の日本人より、かなり恐怖感を覚えたと思います。

そして今回です。

この二十数年間で、原発で何回も怖い思いをしました。こんなに頻繁に怖い思いをしたのですからもうたくさんです。

もちろん原発を拒否すれば「安いエネルギー」は当面得られなくなるわけですから、今までのような豊かな生活はあきらめざるをえなくなります。

何はともあれ、夏までに原発の処理が多少進むにしても、電力不足は解決されず、経済的な閉塞感は続くと思います。

だからと言って、すぐに原発再開とはいかないので、電力料値上げという理由からも経済が下押しされるでしょう。

スタグフレーションになる可能性がぐんと高くなった

エネルギー価格の高騰に、日銀の国債引き受けが加われば、インフレが加速度的に進む可能性があります。スタグフレーション（景気低迷下でのインフレ）が強く意識される夏が予想されます。

前のPartで述べたように、部品の調達問題や電力不足、そして風評被害対策から大企業の海外進出が進み、それに伴う下請け会社の倒産も起こるでしょう。

かなり暗いシナリオですが、逃げるわけにはいきません。日本人の特性、「考えたくないことは起こらないこととする」というわけにはいかないのです。

4月13日、4月の月例経済報告で、政府は景気判断を「弱い動き」と6カ月ぶりに下方修正しました。これは単に「下落の始まり」だと思います。

景気の先行きを甘く見すぎると足をすくわれます。

今、楽観論が必要なのはよくわかります。私だって自分の精神衛生上、楽観論を述べたいのは、やまやまです。

しかし、「それ行け、やれ行け、まだ行ける」と政府に突進させられて、後ではしごを外されても誰も助けてくれないのです。

もちろん、政府が強烈な景気刺激策を取ってくれるのなら話は別ですが、そのような短期的な景気刺激策を私は思いつきません。言葉だけで踊らされるわけにはいかないのです。

Part5

財政破綻に拍車をかける大震災
～資金繰りはどうすべきか

被災した東北以外の公共事業費は凍結すべき

震災の復興について、考えられる財源を述べてみたいと思います。ただこれらは政治家にリーダーシップがない現状では実行が難しいでしょう。私は「望ましい財源」だとは思いますが、残念ながら実行されるとは期待はしていません。ですから、ざっとお話しし、次に現実的な財源の話に移りたいと思います。

今回の震災は、今までの日本と決別すべき大事件です。今後の景気の急速な悪化や財政破綻の深刻化を通じて、人々はだんだんと「今までの日本との決別」を認識することになると思います。全く異なった日本にならざるをえないのなら、これから述べる財源論は、考慮されてしかるべきだと思います。

第一に、2011年度予算で組まれた公共事業費は、復興費用以外すべてを凍結し、復興費用に回すべきです。日本は今までのように豊かな国ではなくなるのですから、新しい道路や橋もギブアップです。当分は多少凸凹な道など我慢すべきです。空港・住宅・都市の整備もお預けです。これで国費分だけで最大7兆〜8兆円ぐらいの財源ができることになります。公共事業とは失業対策だというのなら、働く場所が被災地に移るだけですから、問題ないはずです。

公務員の給料を民間レベルに下げる

第二に、国家公務員、地方公務員の給料を5％とか10％とか下げるべきです。日本国民の生活レベルはかなり落ち、民間人の収入もかなり減るはずです。失業者も多く出るでしょう。国民全体が震災の痛みに等しく耐えるのなら、公務員の給料も相応に下げるべきだと思うのです。公務員が公僕であるのなら、なおさらそうです。この本を読まれる公務員の方に怒られるのを承知で申し上げざるをえませんが。と書いていたら、この本の校正中に、政府からこの案が出てきたと新聞に出ていました。ぜひ実行すべきです。

以前、テレビのワイドショーで「家族に給食係のおばさんがいたので家が建った。すなわち高給すぎる」と話している人を見た記憶があります。それが正しい情報かはわかりませんが、民間の同種の仕事と比べて高給すぎることはしばしば指摘されていることとです。もし、それが本当だったら、この機会にきちんとレベルを合わせるべきです。かなりの財源が捻出できると思います。

私は月に1度、大阪毎日放送の「ちちんぷいぷい」という番組（関東では知られていませんが、関西ではお化け番組です）に出させていただいているのですが、昨日（4月25日）は大阪府の橋下徹知事がゲスト出演して「大阪都構想」について熱弁をふるっていました。「いろいろな出費の財源は？」と聞かれて、職員の給料や退職金のカットで十分捻出できるとおっしゃっていたのが印象的でした。

あえて申し上げれば、橋下知事の「財源は職員の給料や退職金のカット」構想は、大震災前までは、素晴らしいアイディアだったと思います。ただ大震災以降は、その浮かした財源を東北・関東に回すべきだと思うのです。

もちろん大阪府だけの話ではありません。全国すべてで、です。浮いたお金は、地元民への手厚い福祉よりは、東北・関東の住民への生活援助に充てるべきだと思います。橋下知事には、新しい政治家の旗手として大いに期待しているので、全国レベルで物事を考えてもらいたいなと思った次第です。

ただ日本は、そのような考え方が通るような政治環境ではありません。

ですから私は、**政治の改革力よりも、市場の改革力に期待しているのです。**

話をもとに戻します。国、地方（県議、市議）の政治家も、給料を大幅に減じるのと同時に、議員数を減らして、総額を減らすことが必要でしょう。総額でも微々たる金額でしょうが、範を示す必要があります。

そして、復興財源としてもっとも考えるべきは、電気料の値上げだと思います。新しい日本をつくっていくために電気代を数倍にして、値上げ分を復興費用に回すことを提案したいのです。一種の税金だと考えればいいでしょう。これについては強く思うので、あとで詳しく述べたいと思います。

消費税アップ――しかし、これだけでは足りない

内閣府は、地震や津波の直接被害額は16兆〜25兆円と言っています。それに加えて原発被害の補償などの多くのコストがかかります。

原発被害の補償は東電がするわけですが、とんでもなく大きい金額ですから、東電だけでできるわけがありません。

ですから、国が補填しなければならないのは誰の目からみても明らかでしょう。国は、ただでさえお金が足りないのに、さらに巨額の支出が必要となってしまったのです。

その支出のために、どうやって資金を調達するかで、いろいろな意見が出ています。

まずは、増税。政府はすぐには増税案を出さないとは言っていますが、いずれ増税の話が出てくるのは間違いありません。政府が考えているのは、従来の所得税や法人税にプラス5％や10％などと、期間を限って上乗せするというアイディアのようです。

しかし、これだけでは足りないもいいところです。

今年以降、かなりの景気悪化が見込まれますから、法人税や所得税は急減すると思われます。

ですから10%上乗せしようと、去年と同じ税収額を上げられるかさえ、私は疑問に思うのです。所得税や法人税は利益が上がって初めて払うお金です。利益がないのに徴収するわけにはいきません。

うがった見方ですが、法人税率の5%下げを、震災後、経済界はすぐ「取り消してもいい」と言いましたが、震災の結果、しばらくは利益が上がらないと思っているからではないでしょうか。利益が上がらないのなら法人税など払う必要がありません。5%減だろうが、従来通りの税率だろうが、関係ないのです。

日本は所得税を払わなくてよい基準が緩すぎる!

法人税は、2011年度の予算で7・8兆円を見込んでいます。震災前に作成された見込みですから、震災を経た後、これだけの税収が上がるとは思えません。

しかし、もしこれだけの法人税を期待できたとしても、税率10％増でたった7800億円増です。たかが知れています。所得税収も2011年度の予算の見積もりで13・5兆円です。これも失業者の増加等でかなり減ると思いますが、減らないとしても税率10％増で1・35兆円の増収にしかなりません。

課税最低限を引き下げるのなら、話は別です。かなりの増収が期待できます。2011年4月21日の日経新聞六面によりますと、中国は課税最低限を月2000元（約2万5000円）から3000元（約3万7500円）に引き上げるそうです。「課税最低限が引き上がった、さすがに貧者にやさしい社会主義国家」などと思わないでください。「課税最低限が引き上がった」と言っても、3万7500円以上の収入のある人は、税金を払わなくてはいけないのです。

ちなみに日本の課税最低限は、モデルケース（夫婦と子ども2人、内1人は特定扶養親族）で年325万円、月27万円です。

月々27万円以下の収入の人は、所得税を払わなくてもいいのです。諸外国に比べてこの水準がえらく高いのですが、これを中国ほどとは言いませんが大胆に引き下げれば、税金を払う人が多くなり、所得税収もかなり増えると思います。

しかし、これは既得権益ですから、この変更にはかなりの抵抗があり、今の政治家では誰もやりたがらないでしょう。

一方で、所得税の10％アップの増税額はたかが知れているので、あまりあてにできません。

津波や震災の直接被害総額の16兆～25兆円と比べてみてください。その他に原発関係の費用が加わるのです。

結果として、消費税増額に頼らざるをえないのはおわかりいただけると思います。

消費税は現在5％で、約12・5兆円の税収です。正確に言うと、4％が国税で1％が地方税です。したがって、国税に関して言うと、4％が10兆円ですから、1％上げれば2・5兆円の増収ということになります。消費税を上げれば、かなりの増税になります。

そうは言うものの、20兆円を消費税で集めようとすると、8％上げなくてはいけません。地方税分も考慮すると、消費税率を10％上げて15％にすれば、地震と津波の直接的な費用だけは1年間で何とかなります。

ただ景気の落ち込みで、所得税率と法人税率を10％加算してもトータルで減るのなら、さらに消費税を上げなくてはいけないでしょう。

また原発の補填、倒産企業の援助、金融機関支援などを考えたら、20兆円どころか、とてつもなく大きい金額が今後何年間も必要とされると思うのです。

だとすると、消費税増税だけでは対処できません。政府の資金繰りが厳しいとなると、悪い金利上昇も始まり、政府は金利支払い増加分の調達にも迫られることになるでしょう。

なぜ「国債の日銀引き受け」は禁止されているのか

こうなると考えられるのは「国債の日銀引き受け」しかないと思います。拙著『日本破綻「その日」に備える資産防衛術』（朝日新聞出版）の中で、「国債未達が起きた時には財政法第5条を改正して『日銀の国債引き受け』をせざるをえなくなるだろう」と書きましたが、その「日銀の引き受け」です。

日銀の引き受けとは「日銀が政府から直接、国債を買いとって紙幣を渡すこと」です。その受け取った紙幣で、政府は子ども手当を配ったり、国家公務員に給料を払うことになります。すなわち直接、政府と日銀が取引をするのが「日銀の引き受け」なのですが、今は財政法第5条で禁止されています。

というのも昔、これによってすごいインフレ、つまりハイパーインフレを引き起こしたからです。それに懲りて、「日銀の引き受け」は禁止されているのです。

今も日銀は、多額の国債を保有しています。しかし購入した相手は国ではなくて、民間金融機関なのです。「民間金融機関が国から買った国債を、今度は日銀が買い、その対価を民間金融機関に渡す」ということをやっているのです。これを「買い取り」といい、法律上やってもいいのです。

「引き受け」と「買い取り」の差は、「国→日銀」対「国→民間金融機関→日銀」で、単に間に「民間金融機関」というステップが入っているか否かだけの差で、実質同じではないか、とおっしゃるかもしれません。

しかし、「買い取り」の場合は、「民間金融機関が関与するので、マーケットというチェック機能が働いている」という理由で、法律上OKなのです。なお、「本当にマーケットというチェック機能が働いている」かどうかは、個人的には幾分疑問を持っています。

「国債の日銀引き受け」が「禁じ手」なのは周知の事実

ところで、先日政府からも「国債の日銀引き受け」案が出てきました。しかし、識者から、「将来のハイパーインフレを招くから禁じ手だ」との反対論が出て、日銀の白川総裁もやらないとは言ってますが、いずれは引き受けざるをえない状況になる可能性は高いと思います。

もちろん私だって、「日銀引き受け」をすれば将来ものすごいインフレが来るのも十分すぎるほど知っています。しかし、そうはいっても、日銀が買わなければ、国債が売れ残る日は確実に来ると思うのです。

福島第1原発で低濃度の汚染水を海に流したのは、間違いなく「禁じ手」です。しかし禁じ手とわかっていても、高濃度の汚染水を貯蔵するためにやらざるをえなかったのです。

それと同じです。「禁じ手」を使わなければ、政府のお金が枯渇してしまいます。そうなると、国家公務員の給料は出ませんし（もちろん政治家も、です！）、災害復興費も出ません。子ども手当はもちろんのことです。政府機能の一時閉鎖（シャットダウン）です。そんなわけにはいきませんから、禁じ手を承知で、「しょうがない」と私は言っているのです。政府といえども、金がなくては何もできません。**政府でも倒産してしまうのです。**

あまりいい例ではないかもしれませんが、交通事故で血が止まらない。このままいけば、あと30分で失血死してしまうかもしれない。輸血用の血がなんとか手配はできたが、健康なものかチェックする時間がない。あと30分後に失血死してしまうのなら、血が健康かとか悪いとかいっていられない。そんな場合は、輸血した後に健康な血であることを祈るしか選択肢はないわけです。

「日銀引き受け」は、この場合の輸血と同じです。私も禁じ手だと思いますが、金がないと国家機能が止まってしまうのです。まさか国連がお金を貸してくれるわけではないのですから、禁じ手もへったくれもないのです。ということで、私は日銀引き受けが行われるのが、今後の一番現実的なプロセスかと思っています。

そもそも私は国債が完売できない、すなわち未達という事態が近々起きると拙著をはじめ、いろいろなところで説いてきました。理由はPart3に書いたとおりです。

その時期がこの震災を機にさらに近づいたと思わざるをえないのです。

「禁じ手」しか残っていない

ですから、識者が「禁じ手だ」と騒ごうと騒ぐまいと、日銀引き受けは実行せざるをえなくなると思うのです。国が破産するわけにはいかないですから。

今日を生きて行くためにはお金が必要なのです。

先日、亀井静香元金融・郵政改革担当大臣が「政府は復興資金を強盗してでも持ってこい」とおっしゃっていましたが、「日銀引き受け」のほうが、強盗よりよっぽどましです。

ちなみに、日本国債を外国に売ればいいと言っていた識者もいましたが、こんな低金利で元本が返ってこないかもしれない国債を、わざわざ買う外国人などいません。

「国債の95%は、日本人が持っているから大丈夫だ」と言う人がいます。ちっとも大丈夫でない理由は後で説明しますが、5%〝しか〟外国人が持っていないということは、外国人にとって全く魅力がないということです。

「元本が返ってくるかわからないのに、こんなに低金利の国債など誰が買うか」という話なのです。

もし、こんな低金利の日本国債を買っている人がいるのなら、それは「黒い目の外国人」だと思います。「黒い目の外国人」とは、「外国にいる日本人もしくは日本法人」です。日本人もしくは日本法人が外国にある証券会社から日本の株や国債を買うと、統計上は「外国人扱い」になるのです。

証券会社の後ろにいる顧客が誰なのかなど、証券取引所ではわかりません。日本人もしくは日本法人が英国の証券会社を通じて国債を買えば、「外国人買い」になるのです。

本当の外国人の興味を引くには、長期金利が急騰しなければ無理な話なのです。

ちなみに日本は「対外純資産が多いから大丈夫だ」「対外純資産が多いから金持ちだ」などと言う人がいますが、とんでもありません。

「対外純資産」＝「対外資産」－「対外債務」ですから、外国人が日本に投資をしなければ、対外純資産は増えます（「対外債務」は外国人の日本への投資）。債券投資は主力商品の一つですが、日本国債の金利がこんなに低くては、外国人は日本に投資しません。自国国債への投資のほうがよほど魅力だからです。そうなると対外債務が小さくなりますから、「対外純資産」は大きくなります。

一方で日本国債の金利が上がれば、外国人の日本への債券投資は増えます。すなわち対外債務は大きくなります。そうなれば対外純資産は減ります。

これは日本が貧乏になったことを意味するのでしょうか？

違うはずです。

経済のしくみをきちんと理解していれば、「対外純資産が大きいから日本は金持ち、小さいから日本は貧乏」とは言えないことがおわかりになるはずです。

Part6

国債・円・株の暴落は避けられない

1. 想定外のマーケットを想定する

私は、拙著『日本破綻「その日」に備える資産防衛術』（朝日新聞出版）に書いたシナリオのトリプル安、すなわち「株価、国債価格、円の大幅安が同時に起こる事態」をあいかわらず想定しています。

2010年、2011年と44兆円規模の国債を発行するわけですが、これは新しく必要とするお金です。このお金を国債入札で集められない、すなわち国債が完売できないことを未達というのですが、**未達を契機に瞬間的に株と円と国債が大暴落するだろうという予想は基本的には変わりません。**

もっとも、「国債未達を契機にトリプル安」というシナリオが、**「底なし沼のような**

トリプル安」になるかもしれないと震災後に思い始めました。じわじわとトリプル安が進むシナリオです。

しかし、「国債未達による瞬間的なトリプル安」のシナリオも有力です。

それより重要なポイントは、今までの財政赤字問題に大震災が加わってしまったので、事態はさらに悪化したという点です。トリプル安がより早い段階で起こり、より根が深くなる、すなわちショックが大きくなると思うのです。そして想定外のレベルを予想範疇に加えざるをえなくなったとも思うのです。

「週刊朝日」（2011年4月8日増大号）の私のコラム「案ずるよりフジマキに聞け」は以下の文章で締めくくりました。

「ところで、東海村の事件の際、あるマスコミに（注：週刊朝日ではない）『この事故で飛散した核分裂生成物の量は、旧ソ連チェルノブイリ原発の推定飛散量の100分の1から1万分の1である』という記事が出ていた。100分の1から1万分の1？　おいおい、そんな広範囲の予想ありかよ？　いくら情報開示が必要といっても、こんな情報はいらない。なんでもかんでも情報が欲しいなら、あえて申し上げます。私の今年の末の$／¥の予想は30円から3000円です」

もちろん、ちょっとしたウイットのつもりで書いたのです。

しかし、真面目に「100%間違いのない3年間の為替のレンジは?」と聞かれれば、今なら「50円から3000円」と言わざるをえなくなってしまった、ということです。

勘違いをされては困りますが、3000円になる可能性が高いと言っているわけでは決してありません。「99%間違いのない3年間の為替のレンジは?」と聞かれれば、3000円などという数字は絶対言いません。「100%間違いのない」と聞かれるから、3000円を入れるのです。

想定外のレベルというか、以前は絶対ありえないと思っていた1ドル3000円の可能性もゼロではなくなったのです。1000年に一度の津波が来るように、1ドル3000円の可能性もゼロではなくなったということです。

専門家ではないですから軽率な意見は控えるべきですが、原子炉が再臨界になって爆発し、東京が廃都になる可能性は限りなく低いとは思います。しかし、夢想だにしなかったことが、今回現実に起きたのです。東京の廃都シナリオは0・01％など、ごくごく低い数字だと思います（もちろん素人としての判断です）。しかし、可能性がゼロとは言えなくなってしまったと思うのです。

Part9の「危険な銀行預金から撤退せよ！」で詳しく述べますが、資産防衛を考える際には、そのレベルまで保険を掛けておくべきだと思います。その確率が低いのなら、保険料はかなり安いでしょうから、私は掛けておく価値があると思っています。

2. 外国人の信用がなくなったら、円と国債は大暴落

震災前に考えていたシナリオとの、もう一つの大きな違いは、マーケットにおける外国人の重要性についてです。戦争と同じで、政治家の指導力が、今回でも試されていると思います。

外国人はそれに注目しています。政府に指導力がなく市場を制御できないと思った

ときの外国人の日本市場からの逃げ足は極端に速いのです。今回の地震で外国人の逃げ足の速さはよくわかったと思います。事故とともに本国に帰ってしまった外国人のなんと多いことでしょう。

マーケットでも同じです。**何かがあったら、外国人は日本市場からスーッと逃げていくでしょう。**

これは非難すべきことではなく、当たり前の行動です。私だって欧州にいる時に、そこで同じような原発事故があれば、すぐ日本に帰ります。異国で、それも100％正確な情報がつかめるわけでもない国でリスクにさらされるのなど、まっぴらごめんです。日本人だから今回、日本から逃げないだけです。

マーケットも同じです。リスクが高いわりに高いリターンが望めない国に、わざわざ投資をする理由はありません。世界中にいくらでも投資先はあるのです。**外国人の日本に対する信認が崩れると、それが契機となって、大幅なトリプル安が起こりえると思うのです。**

円も、日本銀行が信認されているから価値があるわけで、信認がなくなれば通貨は大暴落です。昔の兌換《だかん》紙幣のように、紙幣を金《きん》に換えてくれるわけではありません。今は管理通貨といって、中央銀行への信頼のみで通貨の価値が保たれているのです。

先ほど、いずれは不可避だと書いた「国債の日銀引き受け」ですが、これを行うと、「ハイパーインフレを起こす」可能性が高くなります。

それと同時に、この「日銀が信頼を失って円が大暴落する」リスクも高くなるのです。

これがまた、輸入インフレを起こします。

株にしても、政府が信用できない国の株など、危なっかしくてとても買えません。国債も大暴落します。信頼できない国の借金なのですから。

残念ながら今の政権には経済通がいるとは思えませんから、非常に危険な状況だと思います。

日本が信認を失った時、外国人が逃げるだけならまだいいのですが、**彼らはそれ以上に、日本市場で国債の売り浴びせをしてくると思います。**だから怖いのです。

たしかに今回の震災で、外国人は慈悲深く多くの援助をしてくれました。しかし、マーケットでは違います。マーケットは「食うか、食われるか」の世界なのです。マーケットでも「外国人が慈悲深く行動してくれる」などと思ったら、それは全く甘い考えです。

震災前に「日本国債は95％を日本人が持っているから、市場が崩れることはない」という議論をよく聞いたのは先述したとおりです。

しかし、それは先物というデリバティブを知らない素人コメンテーターが言った話で、実際はそんなことはありません。先物であれば、事前に国債を保有していなくても、簡単に売り崩すことができるのです。**日本人が日本国債を95％持っていようが、100％持っていようが、「外国人は国債をマーケットで売り崩せる」という認識を持っておくべきです。**それについては、次頁からのコラム「付録」で具体的に説明します。

付録 なぜ日本国債は、日本人が95％持っていても危険なのか？

最初に認識しておいていただきたいのは、現在、現物市場より、先物市場のほうが市場が大きいということです。

現物市場というのは、個人がごく普通に取引している株や国債の市場のことです。伝統的取引の市場とも言います。その現物市場、伝統的取引市場よりも、先物市場のほうがよほど大きいのです。

先物市場と現物市場では何が違うのでしょうか？

実は、違いはほとんどありません。

先物市場とは、「なにか怪しげだ」と思っている方もいらっしゃるでしょう。しかし、現物市場とほとんど何も変わらないのです。**違いは、決済日の差だけです。**

決済とは、お金とモノの交換のことです。株式市場の決済とは「お金と株券の交換」、債券市場の決済とは「お金と債券の交換」、不動産市場の決済とは「お金と不動産の交換」のこと。「お金と権利書の交換」と言ってもいいかもしれません。

その決済を「今日やるか、将来やるか」だけの違いなのです。

現物取引のうち、株は厳密には4日後決済ですが、よりわかりやすくするため、それを本日決済と考えてください。

つまり現物取引とは「今日決済をする」、先物取引は「決済を3カ月先や6カ月先などの将来にする」ことを意味します。

ただ、両方とも値段は今日決めます。しかし、決済日が今日か将来かの違いがあるだけなのです。

たとえば東芝の株を「100円と決めて、株と現金を今日交換する」のが現物取引、「値段を99円と今日決めるけれども、株と現金を交換するのは3カ月後」というのが先物取引なのです。

ところが、決済日の違いだけで、両者には著しい違いが出てきます。

一つは、先物取引にはレバレッジが効くということ。つまり、小さなお金で大きな勝負ができるのです。証拠金を使って大きな額を取引できる。したがって、小さなお金で大きく儲けたり、大きく損をしたりするのです。この点は、この本に関しては重要ではないので割愛します。

そして、今回お話ししたいことでもある、もう一つの大きな違いは、**先物では決済日が将来ということで、売りが簡単にできる。これは先物取引の大きな特性です。**

たとえばA社の株が下がると思っても、現物取引ではその株を持っていないと、取引を躊躇しますよね。売ってもいいのですが、本日中に買い戻しておかなくてはいけない。もしくは誰かから借りてこなくてはなりません。株を相手方に本日中に引き渡さなければならないからです。

ということで、現物取引では買うのは簡単ですが、売り先行は難しいのです。値段が下がるとの予想が当たったとしても、実際に利益を上げるのは至難のワザなのです。

しかし、先物市場では、売り先行も、買い先行同様、簡単です。

先述したとおり、値段は今日決めます。たとえば、A社株を99円で売ると決めるわけです。そして、決済が3カ月後であるならば、3カ月の間に少しずつ買い戻しておけばいいのです。もしくは十分に値段が下がってから、買い戻せばいいわけです。

99円で決済日に売る約束ですから、3カ月後の決済日までに60円とか50円で買い戻しておけば大儲けできるのです。買い戻しにものすごく余裕があります。ですから売り先行は極めて楽なのです。決済日が今日か将来かという違いだけで、これだけの差があります。

話を日本国債に戻しましょう。

外国人はたしかに今、日本の国債を持っていません。しかし、**持っていなくても売り浴びせることはできるのです。価格が下落してから、決済日までにゆっくりと買い戻せばいいからです**。ですから「外国人は今、国債を持っていないから、売り浴びせっこないよ」というのは素人のコメントなのです。

私は近き将来、外国の、たとえば教職員組合の年金資金が、日本の国債市場に大量に入ってくると思います。

ちなみに外国の年金資金の多くは、ヘッジファンドを通じて入って来ます。ヘッジファンドと聞くと日本人は「ハゲタカ」などと称し、悪者のように捉えますが、**ヘッジファンドとは単なる箱にすぎず、実際のお金は外国の教職員組合の年金等**なのです。

教職員組合がヘッジファンドというしくみを利用して、年金資産の増大を図っているのです。

ところで、年金が入ってくるというと、皆喜びます。「年金資金を扱っているヘッジファンドはお金を大量に持っているから、国債を大量に買ってくれる」と誤解するわけです。しかし、とんでもない。年金が入って来ても、「買い」とは限らないのです。

彼らの目的は「お金をどこかに投資する」ことではなく、**「年金資産を増やし、年金支給を安定的にする」**ことなのです。「買い」でも「売り」でも、年金資産を増やせると思えば、その市場に参入してくるわけです。

私は、この状況下では、彼らは「日本国債の売り」を仕掛けてくると思うのです。

たとえば、ある外国の年金を扱っているヘッジファンドが、1兆円の資産を日本の国債市場に投入すると決定したとします。値段が下がる（金利が上がる）と思えば、売りを先行します。先物取引では取引のために証拠金が必要ですから、かりに1兆円のうち100億円だけ証拠金に使います。後の9900億円は、現金で金庫の中にしまっておけばいいのです。

１００億円を証拠金として使い、１兆円分の国債を先物市場で先に売っておきます。値段がポンと下がって、１０００億円分儲かったとします。そうしたら債券を安い値段で買い戻して、取引を終えます。取引終了ですから、証拠金の１００億円も返って来ます。金庫に入れておいた９９００億円を引き出し、利益の１０００億円を加えた１兆１０００億円を持って本国に引き揚げればいいのです。

このように最初に日本国債を買っていなくても、売りを先行することによって１０００億円儲けることは可能なのです。

3. なぜ国債・円・株が暴落するのか

私は近き将来、「国債・円・株の大幅安になるトリプル安が同時に起こる事態」を想定していることは前述したとおりですが、なぜそうなるのかを詳しくお話ししていきます。

①国債価格が暴落する

国債の未達にしろ、外国人の売り仕掛けにしろ、はたまた、その他の理由を契機にするにしろ、近々トリプル安が起こるのは避けられないと思います。

トリプル安とは国債・円・株が同時に下落することですが、通常の経済では珍しいことです。

景気がよいと、株と円は強くなりますが、債券価格は下落（金利は上昇）します。

景気が悪くなると、逆に株と円は下落しますが、債券価格は上昇（金利は下落）します。

このように株、円、債券が3つとも同時に同じ方向に動くことは、理論上は、なかなかないのです。

私は景気悪化を予想していますから、株と円が下落すると私が主張する理由はおわかりでしょう。

ではなぜ、景気悪化にもかかわらず、債券価格が下落するのでしょうか？

債券価格というのは、2つの要因で決まります。**将来の期待インフレ率と国の信用度です。**今までは将来のインフレ率の予想が極めて低く、国が倒産するとは誰も思っていなかった。すなわち国の信用度が高かったゆえに、日本国債は異常に低い利回りだったのです。

一方で景気がよくなると、インフレ率が上がります。需要が多くなって、モノの供給が追いつかず、品薄になって値段が上がると考えるとわかりやすいでしょう。

そうなると、長期金利が上がってくるわけで、これを「いい金利上昇」と言います。

ところが私が今回、債券価格の下落（長期金利の上昇）を予想するのは、景気回復を予想するからではありません。もう一つの要因、すなわち**国の信用度が急落すると**

思うからです。皆さんも、確実にお金を返してくれる人にお金を貸すのと、返済能力が怪しい人にお金を貸すのとでは、取るべき利息を変えると思います。それと同じです（注／もっとも金貸しを必要な手続きをせずに業としてやると法律違反ですから気をつけてください）。

このような金利上昇は、ロシア危機の時のロシア国債で起こりました。
結局、ロシア国債はデフォルト（返済不能）したのですが、金利は一時、80％近くまで上昇しました（債券価格は下落）。返済不能な国債など誰も買いたくないから、価格が下落（金利上昇）したと考えてよろしいかと思います。

この債券価格の暴落は、国債入札の未達で起こる可能性があります。**ただでさえ新たな国債購入資金が枯渇してきているのに、復興資金需要で民間金融機関の国債購入資金も枯渇すると思うからです。**資金枯渇を明確に認識する機会が未達なのです。

あるいは、日銀が禁じ手の「国債引き受け」をすると発表した瞬間に、外国人が国債市場になだれ込んでくるかもしれません。中央銀行への信認が失われるからです。前に書いたように、**「買い」ではなく「売り」先行での大規模参入です。**

なお、「国債引き受け」の発表は、ものすごい円安をも引き起こすでしょう。**現在の通貨制度において、通貨の信用は、中央銀行の信用で保たれているからです。**

②円が暴落する（円安になる）

震災6日後の3月17日朝、ドル／円では円が買われて、円の過去最高値76円25銭をつけました。私は、あの時、ホームページや週刊朝日の私のコラム「案ずるよりフジマキに聞け」に、「これは投機筋の仕掛けだから長続きしない」と書きました。

あの時に「円買いが進んだ理由」は、「生命保険会社や金融機関が資金不足になり、外貨資産を売って円を調達する」という理屈づけだったのです。生命保険会社は保険金の支払い用に外貨資産を売らざるをえないだろう。企業は手持ち資金が不足して外貨資産を売るだろう。また、企業が手持ち資金を手厚く持つために預金を引き出せば、銀行が資金不足になるだろう。そうすれば銀行は外貨資産を売るだろう、という発想でした。

しかし、まず第一に日本の銀行の場合、外貨資産の購入原資は、ほとんどが外貨です。外貨を借りてきて外貨資産を買っています。**外貨資産を売れば、外貨で借金を返**

済するだけで、外貨資産を売って得た外貨を円に変換するわけではないのです。

「日本の金融機関が外貨を売る必要がある」という理屈づけがおかしかったのは、国債市場が安定していたことからも説明できます。保険会社が保険金の支払いで資金不足になりそうだ、銀行が資金不足になりそうだ、となれば、常識的に考えて、まずは日本国債の売却を考えるはずです。銀行で言えば、融資に回らない余裕資金の大半が国債投資となっているからです。

ですから外貨を売るよりは、日本国債を売ることを考えるはずです。

当時、国債価格はかなり高い（金利は低い）ところにありましたから、多くの金融機関は、売れば利益が出たはずです。時価会計が徹底していれば、そうとも言えないのですが、多少なりとも簿価会計的な発想が残っているなら、売れば利益が出たと思います。売って損するモノよりは、売って利益が出るモノを先に売るのが多くの人の考えでしょう。

この時、国債価格は安定していました。資金繰りの関係で国債を売った人は少なかったということです。だとすると、為替の世界で騒いでいた外貨資産の売りによる換金など思惑にすぎなかったのです。

円高が急速に進んだ時、国際協調介入がありました。円高防止のために、各国が協調して円売り介入をしたのです。

私は「これは非常に効くぞ」と思いました。実需の動きではなく思惑での動きなら、介入、特に協調介入はそれなりに効くからです。

そしてそのとおり、あの介入はよく効きました。私は、あの協調介入は、世界各国の日本への最大の援助だと思います。

もう一つ重要なことは、日本の政治家は「円安政策は外国が反対するから、できない」というエクスキューズをもはや使えなくなったということです。この事態です。円安政策は、他国からの反論を気にしなくてよくなった点は大きいと思います。

と言いながら、**わざわざ円安政策を政府が取らなくても、今後はかなり大幅な円安が自然に進むと思っています。**

大幅な円安が進むと思う理由の第一は、**他国との金利差が拡大**しそうだからです。

2011年4月7日の日経新聞一面に「新興国が相次いで利上げしているのに続き、欧米も金融緩和の見直しに動き始めた。欧州中央銀行（ECB）が7日に利上げするとみられ、米国も量的緩和の拡大策を6月で打ち切るとの観測が強まっている」とあります。

景気の回復に伴って他国は短期金利を引き上げそうなのに、日本は震災対応で、これからしばらく金利を引き上げられないのは明白です。その結果、他国との金利差が開くのです。

それでは、日本と他国の金利差が広がると、なぜ円安が進むのでしょうか？

日米金利差が開いた場合、なぜ瞬時にドル高円安になるのかを、ドル／円で説明しましょう。

先物に大量のドル買いが入ることが、最大の原因だと考えられます。その仕組みは多少なりとも専門的なので、「金利の安い円預金をやめて、その円を売ってドルを買い、ドル預金をする人が増えるから」とでも覚えておけばいいでしょう。

ただそのような行動を瞬時にやる人は稀《まれ》です。ですから、それ自身が瞬間的なドル高円安の理由ではありません。ただ人々が、後々そのような行動を取ると予想し、思惑で投機家が動くというのは、それなりの理由ではあります。

しかし、もっと重要なのは、ドルの先物買いなのです。

「先物のドル買いが、直物のドルを押し上げる」というのは、このPartの最後に付録として記してありますす。学者の先生でもおわかりになっている方は少ないと思います。興味のある方は読んでみてください。

一見、難しそうですが、そんなことはありません。知っておくと為替通になった気になれると思います。

大幅な円安が進むと思う2番目の理由は、**貿易黒字が大幅に減少する**と思われるからです。

日本は、震災によるサプライチェーンの崩壊や、原発による風評被害で、輸出が低迷するでしょう。その一方、エネルギー価格の世界的値上げで、輸入金額は増えると思われます。農産物でさえ、輸入が増えるかもしれません。

余談ですが、私は花粉症ですが家内は花粉よりも「中国から飛んでくる黄砂」がつらいようです。それを話していたらある人に、「中国アレルギーですね」などと冗談を言われていましたが、「中国産の野菜は農薬が危ない」と中国野菜にアレルギーがあった人も、今後は「中国産の農産物のほうがより安心だ」となるかもしれません。そうなると、農産物の輸入も増えることになります。なにはともあれ、貿易黒字は減ると思います。

２０１１年4月21日の日経新聞五面によりますと、民間調査機関7社のうち5社が２０１１年7〜9月期に貿易赤字に転落し、10〜12月まで赤字が続くと予測しています。この40年間で貿易収支が赤字になったのは、２度の石油危機やリーマンショックの時くらいですから、これは大変なことです。

サービス収支は以前から赤字ですが、今後は「外国人観光客の激減」でさらに赤字が大きくなると思われます。当然のことながら、貿易収支＋サービス収支は赤字になります。

２０１０年の経常収支を参考のために図3に記しておきます。

貿易黒字が増えるとドルを売り、円を買うので、円買いドル売りになります。というのも貿易では、いまだドル決済が多いので、自動車会社が米国で車を販売するとドル収入があります。その得たドルで日本人従業員に給料を払うためには、ドル売り円買いをしなければなりません。

一方で、**貿易黒字が減るのは円売りドル買い要因です。**輸出が減り、米国での車の販売が減ると、売るべきドルが少なくなります。ですからドルを売る人が減るので、「ドル売り円買い」の逆で、「円売りドル買い」になるのです。

(1)貿易・サービス収支	＋6.5兆円
貿易収支	＋7.9兆円
サービス収支	－1.4兆円
(2)所得収支	＋11.6兆円
(3)その他	－1.1兆円
経常黒字	＋17兆円

図3 2010年の経常収支は黒字でプラス17兆円だった

大幅な円安が進むと思う3番目の理由は、「日本の国力がこの震災でガクンと落ちる」と予想されるからです。

通貨とは国力の通信簿です。国力が上がればその国の通貨は強くなりますが、国力が下がれば、その逆になります。

大英帝国が世界の覇者だった時、人々は争って英ポンドを欲しがったことでしょう。先日、暴徒が大使館を襲ったアフリカの小国・コートジボワールが、もし米国に次ぎ世界第2位の経済大国になったら、コートジボワールの通貨を世界の人々は競って持ちたがるようになります。

震災前の円は、国力に比べてかなり割高だったと思います。そのレベル修正の意味もあって、円の価値はかなり大きく下落すると私は思っています。

震災で日本の経済力が落ちるから国力が落ちるとも言えますし、現時点で白川総裁はやらないとは言ってますが、いずれ日銀が禁じ手の「国債引き受け」を行わざるをえなくなると思うので、円の価値が落ちるとも言えます。

「国債引き受け」の結果、インフレが起きますし、かりに「国債引き受け」をしなくて済んでも、国家は何らかの形でインフレ政策を取らざるをえません。

2011年3月末の累積赤字は924兆円と言われていますが、ものすごいインフレ、たとえば、あまりに極端ですが、タクシー初乗り料金を9兆円にしてしまえば、924兆円の累積赤字は実質ゴミのようになってしまいます。すなわちインフレ政策とは「お金の価値をなくす」政策ですが、日本ではお金とはドルでもユーロでもなく円ですから、「円の価値が下落する」ことを意味します。

ところで、通貨という通信簿で、円安という「低い評価」を受けることにがっかりする必要はありません。

それどころか、低い評価が将来、日本の国力を持ち上げる最大の武器となるのです。低い成績を取った人が、危機感で猛勉強を始めたり、塾に通い始めて成績を上げるのと同様です。このことは後で詳しく述べたいと思います。

しばらく日本は豊かでない時代が続きますが、先述したような円安こそ、「子どもたちの時代には日本経済を大回復させるだろう」と私が信じる理由なのです。

付録 なぜ金利差が開くと円安になるのか？

補足として、金利差が開くと、なぜ円売りドル買いが増えるのかをお話しします。

まず理解していただきたいのは、為替には直物と先物があるということです。最初の付録で「現物取引」と「先物取引」の差をお話ししましたが、為替の直物取引はまさに現物の取引で、先物取引はまさに先物を取引するのです。

値段はともに、今日決めます。決済日（お金とモノを交換する日）が今日なのが直物取引、決済日が将来なのが先物取引というのは、お話ししたとおりです。

個人の方が行うのは、直物取引だけだと思います。アメリカに行くのでドルを買いに銀行に行ったとします。値段はかりに1ドル85円。その場でドルと円を交換します。今日値段を決めて、今日決済するのですから、まさにこれが直物取引で現物取引なのです。テレビ局が「ただ今のドル／円は1ドル84円80銭－82銭です」と放送するのは、まさにこの直物取引の値です。

一方、先物取引というのは「今日の値段は82円50銭ですが、決済すなわち円とドルの交換は6カ月後ですよ」というような取引です。

企業ではこの先物取引が重要です。

たとえば、トヨタに車の輸出代金3000万ドルが6カ月後に入ってくる、とします。ドルと円の交換は6カ月後であっても、そのドルの売り値は今日決めたいですよね。そうしないと、この自動車の輸出が儲かるか、為替により損するのか、6カ月後までわからないからです。

ドルの価値が半年間にドーンと下がって、1ドル80円が1ドル20円にでもなっていれば、3000万ドルは24億円から、たったの6億円になってしまいます。車の製造コストが20億円ならば大損です。日本人従業員の給料をドルで払うわけにはいかないからです。

ですから、6カ月後に3000万ドル入ってくるなら、本日値段を決めておきたいわけです。

決済は6カ月後だけれども、たとえば値段を1ドル80円と決めておけば、6カ月後に必ず24億円入ってきます。24億円－20億円のコストで、4億円の利益が確定するので、財務担当者は6カ月間、枕を高くして寝られるのです。

そういう意味で、為替の先物は、企業にとって非常に重要なのです。

企業とともに、先物が重要なのは、ヘッジファンドをはじめとする投機家たちも同じです。

金利差が開いたり縮んだりしてドル／円が上下すると、識者の中にはよく、投機家がキャリートレードをしたり、キャリートレードをやめたりするからだと説明する人がいます。

キャリートレードとは「安い金利の通貨（たとえば円）を借りて、高い金利の通貨（たとえばドル）で運用する」ことです。金利差が開くとヘッジファンドが「安い円を大量に借りてそれをドルに換えて、高い金利のドルで運用する。だから円売りドル買いが起こる。金利差が縮まれば、その反対取引をするから、ドルが売られ、円が買われる」と識者は言うのです。

しかし、ヘッジファンドは誰から円を借りるのでしょう？

私がモルガン銀行の支店長だった時、私はヘッジファンドに1銭も円を貸したことがありません。

なぜなら銀行は、安全確実なものにお金を貸すのであって、ヘッジファンドに限らず、絶対にディーリングの資金用などのお金を貸さないからです。

他の銀行だって同じはずです。ですからヘッジファンドは、円キャリートレードなどやっていないのです。生半可の知識の識者がしたり顔でしゃべっていただけです。

ヘッジファンドが活用していたのは、ドル／円の先物取引だったのです。

ドルと円の金利差の拡大・縮小が取引のモチベーションだという点で、ドル／円の「先物取引」は「円キャリートレード」と同じです。

日米の金利差が開くと、先物のドルは下がっていきます。この辺のしくみについては『藤巻健史の実践・金融マーケット集中講義』（光文社新書）に詳しく書いています。

ここで**覚えておいていただきたいことは、金利差が開くと仮定し、今日直物が85円だとすると、先物のドルは少し安くなるということです。**たとえば1年後には84円

50銭などになるのです。

本日、銀行に行って「1年後にドルと円の決済をしたいのですが、今値段を決めてください」と言うと、銀行が「では値段は84円50銭です。1年後にこの値段で円とドルの交換をします」と答えてくるわけです。

1年後にどのくらいドルが安くなるかというと、現在の日米金利差で決まります。

かりに日米の金利差がものすごく開いたとします。たとえば30％開くとすると、1年後のドルは65円50銭となります。極端ですが、日米金利差が80％開くと、1年先の先物の値段は47円40銭です。

先物ですから、今日はドルを買うための円は必要ありません。1年後の決済ということは、ドルを買うための円が必要なのは1年後になります。今、行うのは、値段を決めることと、決済の約束だけです。

為替が動く理由はいろいろありますが、当たるも八卦、当たらぬも八卦だとすると（こういう言い方をすると為替ディーラーに怒られてしまうかもしれませんが）、1

年後に直物は95円になっている可能性も、75円になっている可能性もあります。

そのような状況下で、1年先のドルを47円40銭で買えるなら、魅力的ではありませんか？　単に確率の問題ではありますが。

1年後のドルがえらく下がって、60円になったとしても大儲けできるのです。

なぜなら1年前に47円40銭で買う約束をしていますから、その値段で買ってすぐ、その時の直物、すなわち60円で売れば、1ドルにつき12円60銭も儲かるからです。

このように金利差が開いてきて、将来のドルが安く買えるとなると、ドルの先物を買いたいヘッジファンドが増えてくるのです。

私だって、1年後のドルが47円40銭で買えるなら、儲かる確率がかなり高いと思いますから、目一杯買いますよ。

このように、ヘッジファンドがドルの先物を買うと、直物のドルがポンと上がるのです。

絵画の世界にたとえて、さらに具体的に説明しましょう。

たとえば、横山大観の「富士山」の絵が1億円で絵画市場に出たとします。私はすごく気に入り、どうしても欲しいが、今日はお金がない。そこでなじみの画商と「資金繰りがつく1年後に買うよ」と契約をしたとします。

そこで画商はどうするか?

私と今日、売買契約を結んだが、1年後に絵画市場に行っても、その絵は誰か他の画商に買われ、市場から消えているかもしれない。そこで画商は、今日、絵画市場に行って購入してしまうのです。

ただ1年間、倉庫に入れて寝かしておくのはもったいないので、さまざまな美術館にレンタルを打診します。A美術館は500万円、B美術館は700万円、C美術館は1000万円で借りると言っています。そこで画商はC美術館に1年間1000万円で貸すことに決めます。

そして1年後、9000万円(1億円-1000万円)で、この横山大観の「富士山」を私に引き渡し、契約を果たすのです(この例では画商の利益を考慮に入れていません)。

この例では、私の先物での購入（1年後に横山大観の絵を買うよ）が、画商の直物での購入（本日、絵画市場に行って横山大観の絵を買う）を引き起こしたのです。為替市場でも同じです。

日米金利差が開いた時に起きる「先物のドル買い」が、「直物のドル買い」を引き起こすのです。その結果、ドルが上がる。これが「日米金利差が開く」と、瞬時にドルが高くなり、円安になる主たる原因なのです。

ちなみに先物の値段は、「トヨタがドルを1年後に買いたいと言ってくる。すると画商にあたる『みずほコーポレート銀行』が『今日絵を買って、美術館に1年間貸す』のと同様に『直物取引』と『幅の取引』の2つの取引をやる。その2つの取引から算出される」のです。

「幅の取引」とは、「絵画をいくらで美術館にレンタルするか」という取引のことです。先ほどの絵画の例で言うと、1年後に1億円の直物からいくらの幅、つまり値引くことができるかの取引のことです。絵画の例では1000万円でした。

③株価が急落する

今後、さらに企業収益の悪化が明確になりますから、その観点からも、株価は大幅に下がると思います。

経営が立ちゆかなくなる会社が続出する可能性もあります。

東電の株価が大幅に下落していますが、「一時的にでも国有化されるかもしれない」という懸念からです。国有化されれば企業は存続しますが、経営者と株主は責任を取らされます。

ちなみに欧米の会社の場合、持ち主は「株主」ですから、会社に何かあれば、株主が責任を取らされるのはわかります。

ただ日本の場合は、通常「株主」は「経営者」や「従業員」より地位が低く、虐げられているのに、こういう時だけ責任を取らされるのはたまったものではない、と私は思います。

逆資産効果の影響も、かなり株価に影響すると思います。先述したとおり、「株価が落ちるから消費が減る。それを見て株価がさらに下がる」というのが逆資産効果です。この「逆資産効果」という逆回転を「資産効果」という純回転にさせるにはかなりのエネルギーが必要になるのですが、今そのエネルギーがどこにも見当たらないのです。

私自身は、今、日本の株からは、ほぼ完璧に撤退状態ですが、もし日本株を大量に保有していたら、株の評価損で全く元気がなくなり、高いものは買わない、外食にも行かない状態になっていたと思います。

株は、過去の所得の蓄積です。収入から生活費を払った残りで株を買ったはずです。100万円の収入から70万円を生活費に払い、残った30万円で株を買ってきたはずです。それが半分になったとなれば、私の過去の労賃が半分になってしまったということです。元気がなくなるわけです。将来が不安になるわけですから消費などしません。

ということで、逆資産効果による株価のさらなる下落の可能性、ありだと思います。

ただ、トリプル安を引き起こすのは、「株価の急落」よりは「国債の暴落」や「円の暴落」のほうが可能性は高いと思っています。

円の下落は通常ですと、企業業績の好転を意味し、株価にはプラス要因なのですが、今回起こりうる円の暴落は「日本売り」で起きるわけですから、かなり大きな株価の下押し要因になると思うのです。

しかしながら、「円安は、最終的に日本再生の最大にして唯一の武器」です。苦しい時代を倒産せず生き抜いた企業は、この円安により国際競争力の大回復とインフレで大いに躍進することでしょう。

しかし投資の観点からすると、「円安のメリット」は日本経済の第二、第三のステップの時に考えるべき話です。かなり先のことです。

日本株には、経済が大回復する時に乗ればいいわけで、今から買う必要はないと私は思っています。

現在は「いかに財産を増やすか」を考えるのではなく、「いかに自分の財産を守るか」を考えるべき時です。

そういう観点からすると、今、日本株を購入するのは疑問であり、私は撤退中なのです。

Part7 日本経済はこれからどうなるか

1．震災前後で経済が断絶した！

これまで震災後の経済の現状と、金融マーケットの現在、そして今後を予想してきました。

次に、今後の日本経済はどうなるのか、我々の生活はどうなるのかを考えてみたいと思います。

マーケット同様、震災前とは連続性がなくなると考えるべきだと思います。もちろん原発処理いかんだとは思いますが、震災で「円の暴落」か「国債の暴落」の可能性も高まってきたので、震災前の社会とは全く異なる世界に突入するかもしれません、第二次世界大戦前と後とでは、全く別な世界になったのと同じです。

先の戦争の前後では、人々の考え方や価値観が根本的に変わりました。旧憲法上、神様とされていた天皇陛下が新憲法では象徴になり、「鬼畜米英」と言われていたアメリカ人がサポーターになりました。軍国主義も民主主義に置き換わったのです。過去の延長線上でモノを考えてはいけない時代になりました。「そんなことはありえない」と思ってはいけない時代に突入です。「コンピューターへのインプット・データが変わった」のではなく、「プログラム自体が変わったのだ」と認識しなくてはいけないのだと思います。

大きな差は「身の丈」です。「以前のような豊かな生活は今後しばらく望めない」と思います。その覚悟はしておいた方がよいでしょう。

豊かさが次第に失われていくなかで、人々は「これまでの日本とは違うぞ」と徐々に悟ることになるでしょう。ただ日本人は高い技術力や優秀な頭脳を持ち、真摯《しんし》に努力する民族です。ですから、今から10年後の日本経済は、円安という環境下で、この特性を生かし、輝きを取り戻しているとは思います。

2. スタグフレーションの時代の到来

「豊かでない生活」とは、**「スタグフレーション下での生活」**だと思います。**スタグフレーションとは景気が悪いのに、インフレが起きている状況です。**その時代を乗り切らなくてはならないのです。

景気が悪いと普通、モノが売れなくなります。需要が少ないので供給過多になりモノの値段が下がっていくのです。すなわち景気が悪いと、デフレが起きるのが普通です。しかし今回の景気悪化は、それと異なり、インフレを伴うのだと思っています。

今後は景気が悪化しても、電力料金はかなり上昇すると思います。原子炉問題に国民の合意ができないうちは、原子炉を再開できません。火力に頼ろうとすると、それはコスト高を意味します。新興国による需要増、中近東の政治不安、日本の電力用原油の消費増で、世界的に原油価格が上昇するからです。

さらに、円安というコスト増要因が加わります。10ドルのものを輸入する時に1ドル80円では輸入コストは800円ですが、1ドル160円になると1600円になるからです。これを輸入インフレといいます。自国の通貨が安くなることで輸入物価が値上がりし、それが国内物価に波及していくことです。

想像される大幅な円安は、原油や石炭価格を大幅に上昇させます。電気料が急騰すれば、電気を多用するアルミや温室育ちの農産物、原油を多用する化学製品も急騰します。また、ガソリン代高騰で起こる運送費の値上げも、物価上昇の原因になります。いろいろな製品が波及的に値上げされていくのです。

さらには財政問題で、日銀が禁じ手の「国債の日銀引き受け」に追いやられたとしましょう。私は、遅かれ早かれこの可能性が高いと思いますが、そうなれば紙幣が世の中に溢れ、価値が下落します。ものすごいインフレです。

数年前にアメリカのノーベル賞経済学者クルーグマン博士が「ヘリコプターマネー」の話をしました。金融マンの間では有名な話ですが、彼は「日本にインフレを起こすのは簡単である。ヘリコプターで、日銀が紙幣をばら撒けばいい」と言ったのです。

「日銀の国債引き受け」ではヘリコプターを使いませんが、日銀が「紙幣をばら撒く」点は同じです。国から国債を買うために輪転機を回し続けて、刷り上がった紙幣を国に渡すのです。そして政府が受け取った紙幣を、子ども手当や高校の授業料としてばら撒くのです。山と積まれた紙幣は「豊漁だと魚の値段が下落する」のと同様に、価値がなくなっていきます。

価値がなくなった〝紙幣〟とは、日本では〝円〟のことです。円安になり、輸入インフレで物価はさらに上がっていきます。

3. 失業者が激増する

スタグフレーションが起こるとともに、失業者が増えることが予想されます。企業業績悪化による倒産が、1つ目の理由です。

2つ目の理由が、工場の海外移転です。工場が海外に移転すれば、当然日本人の雇用は失われます。たしかに予想される円安は工場を国内に引きとめておく理由になりますが、それ以上に電力などの高騰のほうが当面は問題です。円安が進まなければ、海外進出のスピードはますます速くなるでしょう。

さらにはサプライチェーン（供給経路）の崩壊に懲りた大企業が、部品の供給源の多様化を図ることも予想されます。企業経営者が供給源を日本だけに頼っていては危険だと認識してしまったのです。

部品や電力が届かず、製品の納品遅れが生じれば、国際競争力が落ちてしまいます。一方で工場の補強作業をして次の災害に万全な態勢を整えれば、生産コストが急増します。材料調達の多様化やコストダウンのためには、海外に行かざるをえないのです。


また、風評被害が工業製品にまで広がっています。国内自動車メーカー各社が輸出車の放射線検査を検討しているそうです。

先日、テレビで米政府関係者に「日本の工場製品や部品の放射能汚染問題は風評被害なのだから、米国はそんなに規制を厳しくしないで欲しい」と頼んでいる日本人がいました。米政府関係者は「政府とは国民が心配をすれば、大丈夫だと思っていても規制を厳しくせざるをえないのだ。日本でもBSEの時、そうだったではないか？」とかわしていました。

たしかにＢＳＥ問題の時はそうでした。米国人が食べている牛肉を、日本政府は廃棄処分にしたのです。『「米国人が食べていない牛肉を日本人だけに食べさせる」』のはひどい。しかし、『米国人が食べている牛肉を日本人には食べさせない』とは日本政府もヒステリーだな」と当時の私もそう思いました。それを思い起こすと、他国が日本製品にいろいろな放射能検査を要求してくるのはしかたないのかなと思います。

問題は、検査を必要とすると考えられている製品を、検査結果が白だからといって外国人消費者は買うだろうか？　ということです。代替物がない商品ならともかく、多少の値段の差なら、他国の商品を買うのではないでしょうか。その対策としては生産地の変更しかないのです。

多くのレストランが野菜の仕入れ先を東北から西に移したのと同じロジックです。規制解除になった福島の農産物を買ってあげるべきだ、とレストランの経営者が思っても、それで来店客が減り、倒産するわけにはいきません。

工業製品の生産地の変更とは工場の海外進出しかないのです。

以上のように、諸々の理由で会社の海外移転が進むでしょう。そうすれば、日本人の失業者は増えざるをえないのです。

4．日本国債の未達が起こる

財政赤字に加えて、復興資金を集めるために国債が追加発行されることになりますが、その国債が完売できない。すなわち、未達の可能性は高まっていると思います。未達が起きれば、最終的には禁じ手の日銀の国債引き受けが行われるでしょう。そうしないと、国家機能が失われてしまうからです。

その結果、ハイパーインフレになります。混乱期には、一時的に政府に金がなくなりますから、年金の支払い遅延、公務員の給料支払い遅延等が起こりえます。

さらには、ＩＭＦ（国際通貨基金）が入ってくる可能性もあります。

ＩＭＦは日本政府に対し、政策改善を条件に融資を行います。ＩＭＦが入ってくるということは、日本の主権がなくなることを意味しますから、極めて屈辱的です。

しかし、今では日本よりよほど勢いのある韓国にさえ、14年前の１９９７年に通貨危機に対処するためＩＭＦが入ってきたのです。

この混乱の極みにある日本で「ＩＭＦが入ってくる事態にはならない」と誰が断定できるでしょう？

平和な時には考えられなかった事態が、続々と起こる可能性が出てきてしまったと思います。ですから以前とは全く異なる時代が来るだろうと言っているのです。

Part8

豊かでなくとも、豊かに生きる

豊かな時代は終わったと腹をくくる

今まで述べてきたように、今後しばらく日本経済は冬の時代を迎えると思います。大震災だけならどうにかなったかもしれませんが、これだけの財政赤字を抱えている時の大災害です。事態は極めて深刻です。豊かな時代は終わったと、腹をくくることです。

だからといって、落ち込むことはありません。そもそも日本は、今までが豊かすぎる国だったのです。

２０１１年４月15日に世界銀行総裁が、

「世界的に食物価格が上がっている。このままいくと１日１ドル25セント以下で暮らす貧困層が１０００万人増える」

と言っていました。１日１ドル25セント、約１００円です。日本で１日１００円以下で暮らす人が、何人いるのでしょう？

「日本は格差が世界で何番目かに大きい国だ」と議論していたから皆、格差が激しく、貧しいイメージがあったのではないでしょうか。

とんでもない話です。日本人は豊かすぎだったのです。これからは豊かではなくなると言っても、相変わらず世界的には豊かな国なのです。

欧米のように間接照明を活用する

節電や予想される電気料の値上げで、日本は今後、物理的にかなり暗くなると思います。明るい家、明るい街路、きらきらした広告など日本人が抱いていた「明るさは豊かさの象徴」という時代は終わったのです。夜、町や自宅の中が暗いと気が滅入ってしまうかもしれません。

しかし、海外で働いてみるとよくわかりますが、夜、日本ほど明るい国はないのです。世界の中では格段に明るい国なのです。

夜、飛行機の中から東京を見てみていただければ、そのことに気づくでしょう。真夜中にこれほどの数のコンビニやスーパーが煌々《こうこう》と明かりをつけて営業している国など他にありません。深夜までテレビ番組が流れている国などないのです。

他の国では夜は家族で団欒《だんらん》をする時間であり、寝る時間です。欧米の家の中など日本人から見たらびっくりするほど暗いのです。

昔、我が家に修理に来た電気屋さんが、「こんなに暗い家は、なかなかありませんよ」と驚いていました。たしかに我が家には蛍光灯が一本もないから暗いのかもしれません。それでも我が家は欧米の家の5倍は明るいと思います。

欧米人は間接照明の薄暗さを上品と考え、直接照明のキラキラを馬鹿にしているようにも見えます。高級レストランはロウソクで最高の雰囲気を演出していますし、キンキラキンの高級レストランなど見たこともありません。

今までが恵まれすぎていたと認識する

現在、東京の鉄道の駅は照明をかなり落としていますが、それでも欧米の駅に比べると格段に明るいと思います。

高速道路で電灯が煌々と道を照らしている国もそうはありません。

首都高など節電で事故が増えるのではないかと心配しているそうですが、米国でも高速道路でちょっと郊外に行けば、暗くてライトを消したら危なくて走れないほどです。

日本では首都高はもちろん、他の高速道路でもライトを消しても走ろうと思えば走れます。節電で照明を落としている今でも、です。

今までは原子力発電の存在と円高のせいで電気代が安かったから、町や道路が明るかっただけです。

またシンガポールは別として、夏にこれだけガンガンに冷房が効いている国も少ないと思います。石原慎太郎都知事の発言で注目されましたが、自動販売機がこんなに町中にある都市を私は知りません。満員でもないのに新幹線が数分ごとに走っている国など他にありません。

エレベーターがこんなにたくさんビルに備わっていて、待つことなく乗れる国も知りません。

時代が少し逆戻りをすると捉える

電気代の値上げで、このような日本の異常な便利さはなくなってしまいます。

でも、それが世界標準なのです。

何が言いたいか？

今後、多少、町が暗くなって不便になっても、他国並みになるだけだということです。普通の国になるだけです。今までが異常だったのです。

昔のことを思い出してみましょう。私が子どもの頃は寿司など高級品だったのです。お客様が来た時、奮発して出前を取ったものです。それが今や、回転寿司屋で、子どもがパクパク食べています。私が通っていた小学校はかなり豊かな家の子女が多かったと思いますが、それでも車を持っていたのは2家族だけでした。藤巻家が初めて自動車を買ったのは、私が大学に入った年です。

父が、車を前に「我が家でも車を買える時代になったか」と感慨に浸っていたのをよく覚えています。

ちなみに我が家は、父が東芝に勤めるサラリーマンでしたから、ごく標準的な家庭でした。

テレビも小さい頃にはありませんでした。祖母も土地持ちではありましたが、海外旅行など一度も行くことなく、亡くなりました。それが当たり前の社会だったのです。

Part9

危険な銀行預金から撤退せよ！

～震災後の資産防衛法

1．大震災で生じた資産運用の見直し

地震・津波に襲われた2011年3月11日、次男が千葉県山武市蓮沼にテニス合宿に行っていました。山武市蓮沼にも10mの大津波警報が出たのを聞き、私はすぐ次男に逃げるよう電話をしましたが、つながりませんでした。

私は大学を出た後、信託銀行に入り、千葉支店に配属になりました。外回りの時は外房が担当だったので、あの辺はよく知っています。堤防はなく、防風林しかないのです。海岸からずっとまっ平らで、高い丘などありません。それも当時は2階建ての民宿しかなかったのです。それを思い出し、もし津波が来たら？　と青くなったのです。

1時間後に「鉄筋ビルの5階に避難しているから安心して」というメールがあり、ひと安心したら、次は原発事故です。ほとほとまいりました。

原発事故のニュースを最初に聞いた時、私は臨界で爆発が起こると思ってしまいました。広島の500倍規模の爆発との思い込みです。その瞬間、東京は廃都だと観念しました。情報がないと、いかに人間がパニくるかの好例です。

その直後、制御棒が挿入されていて最悪の事態は杞憂《きゆう》だとわかり、胸をなでおろしました。

その時、何に恐怖を感じてパニくったかというと、実は自己破産なのです。

まさか東京にいて、爆発時の放射能を直接浴びることはないから、瞬間的被曝はないだろう。しかし臨界で生じた大量の放射能の灰が、東京にも永続的に降ってくる。そうなったら「東京は廃都だ」と恐怖を感じてしまったのです。

もっとも、命に対する恐怖ではありません。私は60歳だから将来、放射能でガンになる確率が多少上がったとしても寿命が少し短くなるだけだ、と命に関しては鈍感でした。

子どもたちも、会社や学校が疎開するだろうから命の危機まではいかないだろう、と思いました。

しかし、「子どもたちに借金を残したまま死ぬのは嫌だ」と恐怖にかられたのです。子どもたちは原発事故の後遺症で、今までのような生活は当分の間送れないだろう。それなのに過酷な重荷を背負わせるわけにはいかない、と強烈に思ったのです。これは日本の財政事情を考えると、自分の子どもに対してだけではなく、日本中のすべての子どもたちに対しての共通の思いです。

◎不動産ですら危険と実感

私は銀行からかなりの借金をして、東京に賃貸マンションや不動産を持っています。東京が廃都となり人が住めなくなると、東京の不動産は財産価値がなくなってしまいます。一方、**借金はまるまる残ってしまう。その恐怖が湧きでたのです。**

東北で被災され、ご自身の命や家族の方を亡くされた方々には怒られてしまうと思います。そんな俗物的な恐怖感にとらわれた私は、たしかに情けない人物です。しかし、**それがあの瞬間の私の率直な恐怖だったのです。**

このリスクは、住宅ローンを借りている人にも共通すると思います。持ち家に住めなくなり、しかも財産価値がなくなった。それなのに、住宅ローンだけが残ってしまう。さらに、失業して収入の道が途絶えるかもしれない、というリスクです。

しかし、私はすぐ気がつきました。**「そうだ私にはドル資産がある」**と。

「もし東京が廃都にでもなればドル／円は3000円だ。そんな国の通貨は世界中、誰もいらないからだ。このドルを円に換えることで借金は返せる」と気がついたのです。

財政破綻に備えて「保険の意味合いで外貨資産投資をしよう」と私は本にも書いてきましたし、講演会でも口を酸っぱくして言いまくってきました。

もちろん、自分でも実行しています。

この震災を経験して、まさに自分自身で、「ドルという保険を持っていてよかったな」と強烈に思いました。

◎経験を生かすことが資産運用のポイント

この震災は、分散投資の重要性を強烈に感じさせる大事件でした。ディーラー、リスクテイクのプロとして、分散投資の重要性は十分に経験・認識してきたつもりです。

しかし今回は、まだまだ認識不足だったのだと実感しました。

分散投資をしていないと、自分の財産すべてを失ってしまう恐怖を、自己破産してしまう恐怖を、味わったのです。

私は外貨資産を持っているといっても、**ドル資産が大半でした。米国に何かあったら大変です。1000年に一度と言われる大震災が実際に日本で起きたわけですから、もっとたくさんの国に分散すべきだと痛感しました。**

と同時に、私の財産全体の配分がまだまだ日本に集中しすぎだ、と反省しました。

たしかに金融資産は、米株を中心とした外貨建てが大部分です。

しかし私のより大きい資産は、グロスで考えると不動産なのです。多額の借金も円建てですから、「不動産−借金」というネット資産（純資産）で考えると、円建て資産と外貨資産は、それなりにバランスが取れているはずでした。

（※「グロス（総）資産」＝保有しているすべての資産。「ネット（純）資産」＝「グロス資産」

―「借金（負債）」

たとえば私が、日本国内で銀行から6000万円を借りて、1億円の不動産資産を買ったとすると、私の日本国内のネット資産は4000万円です。一方で、4000万円相当のドル建て米国株式を持っていたとします。こうであれば、日本国内に4000万円の円のネット資産、海外に4000万円相当のドルのネット資産を持っていることになります。「まぁ、ネット資産が国内と海外、半分、半分か。それなりに資産分散されているな～」のはずだったのです。

ところが、東京に人が住めなくなるような最悪の事態が起きると、東京の不動産価格はゼロになってしまいますが、借金は残ります。今のケースですと、私には4000万円相当のドル建て米国株式と、価値ゼロの東京の不動産と、6000万円の借金が残ってしまいます。トータルはマイナスの2000万円で、私は自己破産です！

かりに、4000万円相当の米国株を買わず、その分も東京のマンションに投資していて、東京に1億4000万円分の不動産を持っていたら、6000万円もの借金だけが残ります。そういう事態よりは、多少はマシに資産分散ができていたとは思います。

しかし、なにはともあれ、私はこの震災を通じて、十分な資産分散ができていないことに気がついたのです。**ネットではなく、グロスの日本での保有不動産を外貨資産でリスクを回避しなければならなかったのです。**

最初の例だと、私は「東京には1億円の資産、海外には4000万円の資産。まだまだ分散が十分でないな」と考えなければならなかったのです。

自分が自己破産のリスクを感じた時、まさにそう思いました。価値がなくなった不動産では、借金を相殺できなくなってしまうのです。借金を返せない事態になったら、その不動産を売ればいいや、という考え方は甘かったのです。

借金額を抑えるか、海外投資を増やすかの、どちらかをしなくてはいけないのだろうと今は考えています。

今後、原発で再臨界が起きる可能性はかなり低いだろうと思ってはいます。

しかし、余震やそれに伴う津波で、最悪の事態が起きてしまう可能性はゼロだと断定はできません。資産防衛を考える際、そういう最悪のリスクも頭の中に入れておかなければならない、と考えさせられたのが今回の大震災です。

もしも東京が廃都になるような万が一の事態が起きたら、日本国は滅茶苦茶もいいところですから、ガラガラポンが起こるかもしれません。徳政令、すなわち借金棒引きの発令です。銀行からの借金は帳消し、一方、銀行側の借金、すなわち預金も返還されない、ということで借金の多い私も心配する必要はないのかもしれません。ものすごいインフレにして実質徳政令もありかなと思います。しかし、だからといって、そこまでを想定して資産運用をするわけにはいきません。

しかしながら、最低限のリスクヘッジはきちんとしておくべきなのです。

2. 財政が破綻する前に資産運用を徹底する

私は、日本経済の大回復は相変わらず信じていますが、不況が深く、長くなるのならば、この時期は、資産運用に関しては守りのスタンスです。

資産を増やすのは、かなり先の大復興期でいいのです。

今は〝財産を守る〟こと。政府に全く頼れなくなるからです。自分で自分の財産を守ることを考えなければなりません。

そのためには、今後の日本の経済を的確に分析し、何が安全資産なのかを考える時期なのです。

◎タンス預金や銀行預金ですら危険である

今までは現金が一番の安全資産と思っていらした方もいるでしょう。

しかし、現金を金庫に入れたまま、津波に流されたら誰も補填してくれません。

それならば銀行預金が一番の安全資産かといえば、そうでもありません。日銀が**「国債引き受け」をしてものすごいインフレが起きれば、途端にリスク資産になってしまいます。**汗水たらして貯めた100万円でもタクシーに2キロ乗ったら、支払いで消えてしまうからです。

不動産だって、私が震災直後に感じたように、100%安全というわけではありません。

年金があるといっても、政府が財政破綻したら、支払ってもらえるか極めて疑問です。今回の第一次補正の財源に年金積み立て分を流用してしまうくらいですから、年金はお先真っ暗です。

名目上、今と同じだけ年金を支給されても、ものすごいインフレが来れば、その年金1カ月分で、タクシーに2キロしか乗れないかもしれません。

以上を考えてみると、今考えられる資産防衛の解は1つです。

外貨分散投資、これしかないと私は思います。

3．最悪のシナリオを考慮する

先ほども述べましたが、私は財政破綻を想定したポートフォリオを自分で組んでいました。他人の目には「かなり過激なポートフォリオ」に映っていたことでしょう。

それでも、プロのリスクテイカーとして幾多の激動期を経験した私からすれば、「常識の範囲」内の行動でした。

為替でいえば、1ドルが200円くらいまで上昇することも想定に入れてポートフォリオを組んでいたのです。200円が日本経済の実力を表す為替のレベルだと思っていたからです。ましてや財政破綻となれば、そのくらいは十分に行く可能性があると思っていました。

しかし今、私は1ドルが3000円になる可能性も考慮に入れています。1ドルが300円など、皆さんはとんでもないと思うでしょう。気がふれたかとお思いになるかもしれません。震災前なら、さすがの私でも夢想だにしませんでしたし、思ったとしても、そんなことを絶対に公言はしなかったと思います。

しかし、今は頭の片隅には、そのレベルまであるのです。

誤解しないでください。可能性は限りなくゼロに近いと思っています。しかし、ゼロではないとも思っています。東京に放射能が大量に降ってきたら、その可能性はあります。円など世界中の誰も欲しくなくなるからです。その事態を頭の片隅に、ほんのちょっとだけ置いて、今は意思決定をしているということです。

◎リスクテイカーのシナリオ想定法

ところで、最悪のシナリオを頭の片隅に入れるとはどういうことかを、少し説明してみましょう。

我々リスクテイカーは学者ではありませんから、以下で述べることを電卓で計算したりはしません。細かな数字などどうでもよいのです。ただ、このようなことを頭の中で感覚的に計算し、意思決定をしているということです。

ある投資が、Aシナリオだと5％の利回り、Bシナリオだと−《マイナス》3％の利回り、すなわち損が出そうだと判断したとします。そして、Aシナリオが起こる確率が70％で、Bシナリオが起こる確率が30％と判断したとします。

そうすると、確率を考慮したこの投資の最終利回りは、

70％（起こる確率）×5％（利回り）＋30％（起こる確率）×（−《マイナス》3）％（利回り）＝3・5％−0・9％＝**2・6％**となります。

なので、利回りが2・6％で魅力的投資だから実行と決断します。

ところが、AシナリオとBシナリオの起こる確率が逆になり、Aシナリオが起こる確率が30％で、Bシナリオが起こる確率が70％となったなら、確率を考慮した利回りは、

30％（起こる確率）×5％（利回り）＋70％（起こる確率）×（−《マイナス》3）％（利回り）＝1・5％−2・1％＝**−《マイナス》0・6％**

となり、**損をするから、この投資はなしと決断するのです。**

要はシナリオが起こる確率と、そのシナリオの最終利回りを考えながら、投資決定をするということです。

ここで大震災が起きて何が変わったかと言いますと、Aシナリオの確率が70％から69・9％とほんの少し下がった代わりに、とんでもないCシナリオ、すなわち地震や原発などの問題で東京に住めなくなるというのは起こる確率は0・1％と限りなく低いのですが、利回り−《マイナス》10000％という恐怖のシナリオが浮上してきてしまったのです。

この場合の確率を考慮したこの投資の最終利回りは、

69・９％（起こる確率）×５％（利回り）＋30％（起こる確率）×（−《マイナス》３）％（利回り）＋０・１％（起こる確率）×（−《マイナス》１００００）％（利回り）＝３・４９５％−０・９％−10％＝−７・４０５％

となり投資不可となってしまうのです。

私がソロスファンドを離れることになった時、ジョージ・ソロス氏の片腕としてかつて英ポンド売りを主導したファンドマネジャー、ドラッケンミラー氏がある中東の国の資産運用の話を持って来てくれました。１兆円の資産運用です。

毎年１％の報酬をもらったとして、私にとっては、年間１００億円の手数料収入の仕事です。それもごくごく少人数でできる超おいしい仕事です。

ただし条件は、すべての私の個人資産をそのファンドに入れて、一緒に運用しろというのです。若い頃の私なら、その話に飛びついていたでしょう。

しかし、それなりに成功した身としては、失敗して自己破産し、家族を路頭に迷わせるわけにはいかない、と結論づけました。後ろ髪をひかれる思いで断ったのです。

最悪のシナリオを考慮した結果です。

ちなみに、その話を断った後の私の業績は、正直あまり褒められたものではありません。あの時、あの話を受けていたら、私は今ごろスッテンテンです。あ〜よかった、なのです。

4. なぜ「ハイパーインフレ」を想定するのか

◎インフレになれば株価は上がるが……

財政破綻危機の今、この大災害の復興における国の資金繰りを考えると、「禁じ手であろうと、日銀の国債引き受けがいずれ不可避となるだろう」と書きました。

日銀の国債引き受けが行われれば「日銀が世間に紙幣をばら撒く」ことになりますから、いずれハイパーインフレになるのは間違いないでしょう。

実際に、過去にハイパーインフレを引き起こしたからこそ、財政法第5条で現在は禁止されているのです。

また、来るべき円安が、輸入インフレという形でインフレを加速させるだろうと予想しているのは先述したとおりです。

しかし、「いずれハイパーインフレが来るだろう」との予想は、震災前から同じです。震災前から「財政破綻」は不可避だと思っていたからです。

ただ、「ハイパーインフレが来るなら借金しても大丈夫ですか？ 不動産や日本株を今買うべきですか？」と聞かれると、震災前は「はい」と回答していたのに、震災後は「はい」と答えるのを躊躇するようになってしまいました。

原発問題で、他のリスクも出てきてしまったからです。

株は、インフレ対応型の金融商品です。インフレが来れば企業の借金は、実質軽減されます。

また「売上」＝「価格」×「販売個数」ですが、インフレ当初は買い控えで「販売個数」が減少するので、「売上」は減ります。しかし、「買い控え疲れ」の結果、「販売個数」は元に戻ります。

インフレで価格は上昇しているわけですから、販売個数が元に戻れば売上は昔以上になり、企業業績も以前より上昇します。

「借金の観点」からみても、「売上の観点」からみても、インフレは企業にとってありがたいものです。株主とは企業の持ち主です。企業にとってよいということは、持ち主、つまり株主にとってもよいに決まっています。ですから、株はインフレ対応型の商品と言えるのです。

◎企業株は倒産リスクがある

歴史的に見ても、株はインフレ対応型の商品と言えます。

日経平均の発表がスタートした1950年の日経平均は、おおよそ100円です。60年たった今はおおよそ9700円ですから、60年で97倍ということになります。十分インフレをヘッジしていると思います。

しかし、だからといって、ハイパーインフレが来る今、日本株の購入を私が勧めるかといえば、躊躇してしまうのです。

大混乱期の経済では、どんな大企業でもそれなりに倒産リスクを抱えます。絶対大丈夫だと思われていた東電でさえ、この予想外の事態を迎えているのです。

株を買った企業が、ハイパーインフレが来る前に倒産してしまったら、かないませ

ん。

そもそも我々日本人は、円資産を大量に持っています。ワザワザこの時期に円資産を増やすべきかというと疑問です。

そこで、**私なら米国株を中心にした外国株式を買います。**日本の証券会社で簡単に買えます。米国株なら「米国株をNY市場で買いたい」と日本の証券会社に言えばいいのです。

多少手数料は高いかもしれませんが、外貨分散の重要性と比べたら、手数料の多寡などこの時期、誤差の範囲です。

◎不動産投資はどうか

それでは、日本の不動産はどうでしょう。

まずは液状化が起きた地域や海沿いの不動産は、今後かなりきついでしょう。これだけの大震災を経験した後です。その地域の購入を控える人が増えると思われます。

それは賃貸でも同じです。同じ賃料なら、わざわざ危険を感じながら生活はしないと思います。

不動産市場は、東京で言えば山の手に需要がシフトしていくと思われますが、だからと言って、今この時期に持ち家を買うべきかと言えば、疑問です。

いくら「いずれハイパーインフレが来る」と言われても、景気の悪化で失業してしまうかもしれないし、流動性の問題もあるからです。

最悪のシナリオが当たり、東京が廃都となってしまえば借金だけが残るわけで、目も当てられません。そう考えて購入を躊躇する人が増えても、不思議はありません。

とりあえず賃借生活で、様子見の人が増えてくると思われます。

それでは、賃貸物件の需要が増えそうだから、賃貸用の土地需要が増えるか？　賃貸物件の建設が増えるか？　といえば、これも疑問です。

賃貸住宅を建てるオーナーのリスクも顕著になったからです。

オーナーのリスクとは、私が原発事故を聞いた途端に感じたリスクのようなものです。放射能や余震で建物が無価値になり、借金だけが残るというリスクです。

ということで、**ハイパーインフレが来ることがわかっていても、今、日本株式や不動産を買うことを勧めるかと聞かれれば、「はい」と答えるのを躊躇せざるをえない**

のです。

では、どうすればいいのか？

私のシナリオは、国債未達による国債と円の暴落で「市場の反乱」が起き、ハイパーインフレになるというものです。ですから、このシナリオにもとづいて、お金を守る方法を考えるとなると、**「円預金を引き出し、外貨分散投資をする」という選択だけは間違いないと思います。**

ハイパーインフレとは、ものすごいインフレのことです。インフレとはモノの値段が上がること。1万円札で少しのモノしか買えなくなることです。

すなわちお金の価値が下がることですが、日本においてお金とは「円」のことです。ドルでもユーロでもありません。日本で「お金の価値が下がる」とは「円の価値が下がる」と同義語です。

ですから、**「円を売り、外貨を買う」のは間違いない**と思うのです。

5．外貨分散投資の重要性

今まで述べてきたように、当面資産を守る必要性があること、最悪のリスクまで想定しなくてはいけないこと、そしてハイパーインフレが来そうなことを考えると、個人であろうと、企業であろうと、「外貨分散投資をすること」は最低限必要だと考えます。

逆に言うと、これさえしておけば、最低限のものは守れるのではないかと私は思っています。

どの資産にするかは、少しリスクを取りたい方は海外の株式、株式投資信託（大半を株で運用する投資信託）、REIT（リート／不動産投資信託）。リスクが嫌いな方は外貨建てMMF（マネー・マーケット・ファンド／主として短期国債等で運用する外貨建て投資信託）がよろしいのではないかと思います。

期間が長い債券は、世界的にインフレが来ると思うので、私は遠慮します。

ただ、どの商品に投資するかは、マイナーイッシューです。ご自分で気にいったもので結構です。「外貨分散投資をするか、しないか」の大きな差と比べれば、どの商品に投資しようが結果は誤差の範囲です。誤差の範囲というと言いすぎかもしれませんが、外貨投資をするかしないかで、100と0の差が生じる可能性があるのに比べれば、差はなきに等しいと言いたいのです。

通貨的には、日本人は米国への投資が少なすぎると思うので、米国への投資をまずは増やすべきだと思います。

ＢＲＩＣｓへの投資も悪くはないのですが、まずは米国への投資を増やした後だと個人的には思います。

ただ分散はここでも重要で、一国だけへの投資は避けたいものです。

◎私が米国株を勧める理由

今回の危機に対しての「トモダチ」作戦を見ても、米軍の持つ機材、ノウハウ、軍人の誇り等、やはり米国は世界ＮＯ．１だと思います。

米軍は、津波による瓦礫《がれき》で危険一杯の仙台空港に輸送機で突入し、重機を駆使して１日で空港をきれいにしてしまったという話もあります。原発事故に際して米海兵隊の専門部隊が応援に来ると聞いて、私なぞ理由もなく頼もしく思い、うれしくなったものです。米国はまさに世界の警察です。

また、米国株の動きも素晴らしいものです。

日経２２５は、21年前（１９８９年12月）の３万８９１５円から今や９５５９円（２０１１年４月26日）とピークの４分の１にまで落ち込んでしまっています。情けなや、です。

一方、米国株価の指標であるＮＹダウは、同期間に２７５３ドル（１９８９年末）から１万２２５９５ドル（２０１１年４月26日）へと、４・６倍にも上昇しているのです。日の出の勢いではありませんか。

「でも米国は金融危機が……」とおっしゃるかもしれませんが、２年前の大底６５４７ドル（２００９年３月９日）から92％も上昇しており、１万４２００ドル（２００７年10月）の史上最高値も視野に入りつつあるのです。

日本株は大震災があったとはいえ、２年前の大底の７０５５円（２００９年３月10日）から約35％しか回復しておらず、しかも史上最高値の４分の１でしかないのです。このふがいなさと比べると大きな違いだと思います。

今、資産にも安全を求めるなら、これだけの政治力、経済力、軍事力のある米国に、まずは資金を退避させるのは当然かと私は思います。今は、安心、安全を求める「守り」の投資なのです。儲けを求めるための「攻め」の投資をする時期ではないのです。

だからこそ、まずは米国への投資だと思うのです。

◎ドルは基軸通貨であり続ける

そうは言っても、「ドルが基軸通貨でなくなるから、危なくてドルなど買えない」と主張する識者がいるのも事実です。

しかし、考えてみてください。「自国通貨が基軸通貨だ」というのは、最高の国益です。輪転機を回すだけで、世界中の富が買えるからです。**この最高の国益を米国が手放すとは思えません。**基軸通貨としての地位は、通貨が強くてこそ、保たれるのです。ですから米国は、最高の国益である「ドルが基軸通貨という地位」を保ち続けようとするでしょうし、そのためには必死でドルを高く保つと思うのです。

「双子の赤字の問題を抱えるドルは今後急落する」など諸々の理由づけをした悲観論も耳にします。

しかし、それらの理由づけは、ユーロにも円にもすべての通貨に当てはまると私には思えます。彼らが言っていることとは「すべての通貨が弱くなる」ということ、すなわち「世界は近い将来インフレになる」と言っているにすぎないのです。

もちろん為替は、2国間の比較です。すべての通貨が弱くなるにしても、相対的に「どちらがより弱くなるか」で決まります。その観点からしても、ドルが円やユーロに比べてより弱くなる特別の理由はないように思えるのです。

ところで万が一、私の予想が外れて、日本経済が早々と回復、日本が好景気を謳歌《おうか》するとします。

そうなれば、経済実態を反映して、円は強くなります。私の購入した外貨は、損をします。でも、それはそれでいいのです。私だって、日本の経済回復は万々歳です。自己破産の可能性など皆無になりますし、不動産市況の大回復で好都合だからです。損した為替は保険料と考えればいいのです。火災保険を掛けた人で「火事が起こらなくて保険料が無駄になった」と後悔する人はいないはずです。今日の外貨資産購入は保険だと考えればいいのです。

ということで、ドルを買うと決めた場合、どうしたらいいのでしょうか。

答えは簡単、日本の銀行や証券会社に行けばいいのです。米国株も日本の証券会社で買えますので、決して「海外に行かないと買えない」などと思わないでください。

6. 金融機関で働く人へのアドバイス

今こそ外貨分散投資をせよ、と申し上げていますが、それは個人だけではなく、プロの金融機関に対しても同様のアドバイスです。

邦銀と米銀両方に勤めた経験からすると、為替に対する経営陣の考え方は、日米で大いに異なります。

邦銀の場合、為替はリスクであるから銀行は深入りするべきではない、というのが基本発想かと思います。そこで邦銀が外貨建資産を購入する資金は、その国の外貨で調達をします。為替リスクを取らないようにするわけです。

なにはともあれ、邦銀では為替のポジションとは所詮、1ディーラーまたは外国為替の部署が判断する程度のものなのです。

一方、欧米の銀行の場合、経営陣が「ドル運用のための調達は円で行うべきだ」とか「今はドルをユーロに換えて、ユーロで運用すべきだ」というような判断をします。会社を挙げて為替のポジションを取るのです。欧米の銀行にとっては、どの通貨で調達し、どの通貨で運用するかは、経営陣の意思決定のうちの最重要課題の一つです。これをしないと競争に負けて、「倒産というリスクにさらされてしまう」と思っているからでしょう。また、資産の分散化の重要性を認識しているからだと思います。

しかし、「世界で一番安心、安全」と思いこんでいた日本でも、今回のような大災害が起きています。日本の銀行といえども、分散投資をしないことのリスクを十分理解したのではないでしょうか。

東北地方の銀行は取引先の業績悪化などで大変だと思います。国や日銀の援助で、なんとかなるでしょうが、もし彼らが、外貨資産を多く持っていれば、今後の円安で国や日銀の援助がなくても経営はびくともしないでしょう（もっともこれは今後大幅な円安が起きるとの前提の話です）。

健全経営を目指す銀行だからこそ為替ポジションを取り、外貨分散投資を大きくしなければならないのだと私は思います。

◎金融機関・大手メーカーの為替担当者へ

金融機関または大手メーカーには、為替のドルコール・オプションの購入を勧めます。特に長めのファー・アウト・オブ・ザ・マネーのドルコール・オプション（ストライクプライスが150円など、極端に現在の為替と異なるドルのコールオプション）です。

分散投資のABCは現物の買いです。それに加えて、ファー・アウト・オブ・ザ・マネーのドルコール・オプションの購入をお勧めするのです。ファー・アウト・オブ・ザ・マネーのドルコール・オプションは、とんでもないドル高・円安が進んだ時用の保険です。コール・オプションの購入は、保険の購入と同じです。皆が災害が起きないと思っている時は、保険料は安いのです。

私はプレミアム料が安い時にこれらを買いました。権利が消滅して保険料（プレミアム料）を損してもOKです。火事と同じで火事が起きなければ万歳。火事が起こらなくて保険料を損したと思う人がいないのは先ほども述べたとおりです。

この商品、実は個人にも勧めたいのですが、個人向けに取り扱っている金融機関がなさそうなのです。

オプションはデリバティブの一種なので、個人に売ると、素人に損をさせたと識者が騒ぐからだと思います。金融機関はそれが怖くて個人には売れないのでしょう。

オプションの買いは、損がプレミアム料に限定されていますから、「だまして損をさせた」もないと思うのですが、「しくみを知らないくせに怒ってばかり」の識者が怖いのだろうと思います。本当は個人を守る最適商品なのに、困ったものです。

Part10

日本経済復活へ向けて何をすべきか

円安への耐久性を向上させる

◎自国エネルギー源の開拓／電力料累進課金制の導入

ここまでの内容はかなり暗かったと思います。私自身読み返していて嫌になります。しかし残念ながら、しばらくの間、かなり厳しい現実を覚悟せざるをえないと思います。それを前提にした資産運用を図るべきです。その辺はＰａｒｔ９で述べたとおりです。

一方で、「未来永劫《えいごう》に豊かな生活ができない」と考える必要もありません。少し先に（といっても我々の子どもたちの代まで待たなければならないかもしれませんが）、明るい日本は必ず来ます。

この本の後半では、そのステップとシナリオについてお話ししましょう。

日本経済復活のステップの第一歩は、電力料累進課金制の導入だと思います。高齢者の方が熱射病で亡くならない程度のクーラー代と一部屋分の電気料は低く抑え、あとは累進課税ならぬ、過激な累進料金制にすべきだと思うのです。

これは、日本の戦略という視点から見ると、小さなことのように思えますが、そうではありません。かなり重要な意思決定だと思います。

電力料累進課金制導入の目的は3つあります。そのうちの2つは、①電力不足に対処するため、②復興資金に充てるためで、当面の経済的危機を乗り切る**戦術**的な目的になります。

まずは、これらについてお話しして、その後、将来の日本の**戦略**として、なぜ必要なのかをお話ししたいと思います。

ちなみに20年前にビジネススクールで習ったことですが、「戦術」と「戦略」はきちんと分けて考えなくてはいけません。「戦術」とは目の前の事象に対処するためのテクニカルな方法のことです。一方、「戦略」とは、もっと中長期的な国や企業の生きざまを決める基幹的な方針のことです。

◎市場を活用して電力不足に備える

電力不足に対し、今の政府は規制や人々の倫理観によって乗り切ろうとしています。しかし、これは難しい。規制や倫理観で節電できるのは、せいぜい20%か25%ぐらいでしょう。それ以上は、まず無理です。

国民の間に不満が溜まり、閉塞感が蔓延することでしょう。4月の計画停電でも、かなり不満が出ました。東京都23区でなぜ足立区と荒川区だけが停電するのか？　とか、地元議員がある地域を計画停電区域に入れないように東電に働き掛けた、とかといった非難もありました。

夏場の電力対策として、自動販売機の冷却機能停止などを求める東京都議会民主党の条例案に、蓮舫消費者相が「経済活動に影響があるものを、権力で要請するというのは国民がどう考えるだろうか」とかみついたそうです。石原都知事が自販機と同様に「無駄な電力消費」と批判しているパチンコ店についても、蓮舫消費者相は行政による規制に否定的な見解を述べたそうです。

その一方で、大企業に対しては、政令で企業の最大消費電力に強制的な限度を設ける「使用制限」の発動の検討も行われました。

つまり、規制や計画で電力量をコントロールしようとすると、「不満」「見解の相違」「差別観」「不公平感」が出てきますし非効率です。

経済を、規制や倫理観、思いやりでコントロールするのは、基本的に無理なのです。

こういう時こそ、市場を活用すべきです。

「資源の最適配分を成し遂げるために市場がある」と、大学の経済学の授業で教わったはずです。その市場を活用するためには、電気代を値上げすべきなのです。

自由社会では、需要が供給を上回れば値上げが常識です。規制で需要を抑えられなくても値上げをすれば、一発で電気の需要は減ります。家やオフィスでも二重窓が浸透し、電灯も白熱灯から消費電力の少ないLED電球に替わると思われます。

経済的なモチベーションは重要です。自分の家の出費を抑えることになるからです。無理をしてでも無駄な電気は使わなくなります。夏は冷房の温度を2℃上げましょう、などとやらなくても、経費節減のため部屋の温度を3℃上げることになると思います。

たとえば自販機で買う飲料が電気代の値上を反映して、べらぼうに高くなれば、自販機の売上が減ります。自販機からではなくスーパー、コンビニ、酒屋さんから安い飲料を買って来て自宅で冷やす人が増えるからです。そうなれば自販機の数は減っていき、石原都知事の言う節電が達成できることになります。廉価《れんか》の電気でこそ採算が合っていた業種は退場せざるをえなくなります。厳しいと思えるかもしれませんが、それが効率です。

ソ連邦が崩壊する前に、新日鉄のある方が「ソ連邦は遅かれ早かれ崩壊する」と予言していました。「ソ連邦は計画経済なので、極めて非効率。我々の3倍のコストをかけて鉄を作っている」という理由からの予言でした。

まさにその通りになりました。

廉価な電気でのみ生き延びられる企業は、今生き延びることができても、早々に市場退散を余儀なくされます。それは後で話します。

◎電気料金を値上げすれば、こんなにうまくいく！

電力料累進課金制の導入が必要な3番目の理由は、将来の日本のためです。まさに戦略の提案です。

今後、**電気料金は遅かれ早かれ、べらぼうに高くなります。**積極的に電気料金を上げていかなくても、後追いの形で、じりじりと上がっていくと想像されます。

それは、新興国の原油や液状天然ガス需要の強まり、中近東の政治的不安定化、日本の原油需要増、それに加えて想像される円安が理由です。

1ドル80円が1ドル160円になれば、原油の輸入コストは日本円で2倍になります。原子力発電でもウランは購入していますから、同じように電力料は値上がりしていきます。原子力発電分を火力発電にシフトしていけば、その値上がり度合は、かなりのものになると思います。

その結果として、電力料が値上がりしていくくらいなら、積極的に、たとえば「電力料を5倍にしてしまえ」と私は言うのです。値上がり分は、すべて復興費用として使うのです。

増税と同じですが、増税を電気料金の値上げという形に変えるべきだと思うのです。もちろんその分、消費税等は上げません。

電力料が値上がりすれば、太陽光発電、風力発電、海藻（藻類）を用いたバイオマスエネルギーの研究が進みます。採算に合う可能性が出てくるからです。研究が進んだ結果、太陽光発電のエネルギー効率が上がれば、値上がりした電力料との見合いで、個人の家の屋根はもちろんのこと、学校の屋上や高速道路上もソーラーパネルに覆われるかもしれません。

ソーラーパネルが大量に売れると、大量生産で生産コストも安くなり、太陽光発電の魅力がさらに増します。ＥＶ（家庭用電源で充電可能な電気自動車）の電池の生産も採算に乗るかと思います。

いったん採算が合えば、研究はさらに盛んになり資本も入ってきます。

太陽光、風力、海藻（藻類）による発電は、石油、石炭、ウラン等と違い、国内で自活できるエネルギーです。ちなみに**バイオマスはトウモロコシよりも何百倍もエネルギー効率がよい**と聞きますし、食料との競合もありません。

某閣僚が「国民に節電をお願いしている時に電力料値上げなどとんでもない」と発言したと聞きますが、そんなことではないのです。

電力料大幅値上げで、大胆に日本人の生き方を変えないと、将来の日本はないと思うのです。

「原子力発電しかない」という発想はいけないと思います。「日本人の常識は世界の常識とは限らない」のです。

発電エネルギー源は各国の政策やエネルギーコストによってバラバラです。少し古い2007年のデータですが、日本や米国の原子力依存率はそれぞれ22・1%、19・2%ですが、フランスは77・1%もあります。その一方、インドは核保有国なのに2・1%しか原子力に依存していません。イタリアやオーストラリアの原子力依存率はほぼゼロなのです（〈財〉矢野恒太記念会編集『世界国勢図会　2010年11月版』〈国勢社〉202頁）。


私は2年近く前、月刊誌「Voice」（平成21年8月号）の「資源インフレは再来する」という記事の中で意見を述べさせていただきました。そこに「原油価格は上昇するだろうし、温暖化問題もあるから、将来のエネルギー源は原子力しかない」と書いたのです。その時、ある技術者の方から以下のメールをいただきました。とても考えさせられる内容でしたので、消去せずにファイルの中に保管してありました。それを思い出し、今回の事故後に読み返してみて、「原子力は必要悪」と原子力発電を是認した昔の私を恥じました。

洞察力が鋭いメールだと思うので転記させていただきます。

「太陽光発電は現状は小粒ですが、家庭のエアコン程度は十分発電でき、また地球を加熱するエネルギーの一部を吸収して電気に変換します。つまり地球を冷やしながら発電できるのです。原子力発電はCO_2は出しませんが、熱は火力発電と同様に、発生させないと発電できません。太陽光発電は規模が小さいからだめなのではなく、本気で活用戦略を考えないのが問題です。高速道路や国道の上に太陽電池を設置すれば、原油やウランに頼らない社会の実現に近づきます。石油に頼らないエネルギー戦略を構築でき、長期的に大変よい方策であると考えます。夜間に発電できない問題は、今開発にしのぎを削っているEVの電池が活用できます。三菱の電気自動車の電池で家庭用の電源としては十分利用できます。このような太陽光を中心にした総合的なシステムの構築が、日本や世界にとって正しい方向と思います。原子力は緊急避難的に用いるのが、地球トータルとしてよいように考えられます」

◎「メタンハイドレート」は有効か？

以前、「メタンハイドレート」についての記事を読んだことがあります。

日本近海は、世界有数のメタンハイドレート埋蔵量を誇っていると書いてありました。資源量は、日本で消費される天然ガスの約100年分と聞き、胸を躍らせた記憶があります。

CO_2の排出量が石油や石炭のおよそ半分であるため、温暖化対策としても有効だそうです。これが低コストで採掘されるようになれば、日本は世界有数のエネルギー大国になれるのです。ただ、深い海底の地下に眠っているので、採掘コストがえらく高く、実用化は当面できないとの話でした。

私は専門家ではないので詳しい話はできませんが、もし問題が採算コストのみならば、現在の電気代を5倍に引き上げればなんとかなるのではないか、と思うのです。技術的に可能だがコストが高すぎるということであれば、市場原理でなんとかなります。電気料の大幅値上げで市場原理を働かせてしまえ、と私は言っているのです。一度採算に乗ってしまえば、大量生産により生産コストは大きく下がるのです。

先日、部屋を片づけていたら、プラズマテレビの古いパンフレットが出てきました。1998年のものですが、48型で150万円です。150万円！　なのです。今や5万円で買えるのではないでしょうか？

このように考えると、将来早い段階で、今の原子力発電より発電コストが下がるかもしれません。

と書いて、この原稿を出版社に渡そうと思って読み返していた矢先、2011年4月21日発売の「週刊新潮」（4月28日号）に半ページ程の記事を見つけました。

「震災後、にわかに注目を集めているのが、天然ガスの成分を大量に含む『メタンハイドレート』だ。石油天然ガス・金属鉱物資源機構（JOGMEC）は今年度中に静岡県沖から和歌山県沖にかけての海底『東部南海トラフ』での採掘に着手する」

ただ、それは試験的なもので、商用化目的ではないそうです。東大大学院准教授の増田昌敬氏の見解では、「世界的に見て、現在使われている天然ガスの量は十分にあります。かつ値段も安いので、メタンハイドレートが商業化されるようになるのは、2050年以降のことでしょう」とのことで、週刊新潮は「まだ既存エネルギーには太刀打ちできないそうだ」と結んでいます。

これを読んでいて、私は「メタンハイドレートは有望ではなかろうか」と思いました。どうも採算性だけの問題に読めます。今、安い天然ガスに太刀打ちできないといっても、為替が80円から240円にでもなれば、輸入品である天然ガスの輸入コストは3倍に上がってしまいます。国産のメタンハイドレートは為替の影響を受けません。さらに天然ガスや石油には増税する一方、メタンハイドレートを無税にしておけば、コスト面では劣勢でなくなってくるはずです。投資も商業化へのインセンティブが湧きます。電気代の値上げで、代替エネルギーは早く開発されるとの意を強く持ちました。

2011年4月13日の朝日新聞で、代替エネルギー研究で知られている環境エネルギー政策研究所の飯田哲也所長が「ドイツは、電力に占める自然エネルギーの割合を過去10年で6%から16%に高めた。今後10年で35%に伸ばす目標を持っている。政府が政策的にテコ入れをすれば、投資や技術開発が進み、市場が広がっていくという見本です」と述べていらっしゃいます。

政府のテコ入れ策として最適なのが、「現在の電気料の大幅値上げ」だと私は思うのです。その大幅値上げ分は、消費税のかわりに今回の震災復興費に充てる。その一方、電気料の大幅値上げによって代替エネルギー開発のモチベーションが上がる。開発に関して、これほど強いモチベーションはありません。

安価な自然エネルギーを作り出せば、億万長者になれるのです。ファンドも組成され研究費が大量に集まり、優秀な知識・技能を持った人が、この分野の研究に没頭します。

すなわち、電気料値上げという単純なことで、日本という巨大な船が大きく向きを転換するのです。人々の行動を抜本的に変えたいのなら、「節電」などの倫理観に頼るのではなく、市場原理に頼りなさい、と私は言いたいのです。

当初は反対意見が続出するでしょう。

それを乗り切るのが、政治のリーダーシップだと私は思います。

Part11

日本経済復興へのシナリオ

〜長引く不況を分析

1. 円高是正で景気はよくなる

今の私は、何をやっても気分がすぐれません。酒を飲んでも旅行に行ってもテニスをやっても気分がすぐれないのです。友人がいい酒場を教えてくれても、秘湯の秘密情報を教えてくれても、テニスの名コーチを教えてくれても、気分が晴れないのです。それは、原発がどう収束するかわからないからです。原発問題、これが片づかない限り、何をやっても心のもやもやが取れないのです。

経済も同じです。バブル崩壊以降、日本政府は財政政策を極限まで発動しています。しかし、累積赤字がこんなに溜まってしまい、日本経済はちっともよくなりません。日銀は極限まで金融緩和を行っています。ゼロ金利になってもう手段がなくなり、しかたなく量的緩和までやっています。少し前までは、金融の本に書かれていた金融緩和政策とは「金利を下げること」のみだったのに、です。量的緩和が効くかどうかなど誰も検証していません。

すなわち、昔の金融の教科書には書いていないことを実行してまで日銀は景気浮揚を図っているのです。極限まで金融緩和政策を発動しているということです。

それでも景気はよくなりません。

財政政策も金融政策も極限まで発動しているのに、日本の景気はバブル以降、ちっとも浮上していないのです。

「GDP（国内総生産）は最近ずっと上昇しているから景気がいい」と主張される識者もいらっしゃいますが、冗談ではありません。景気がよかったというのはバブルの時のような状態です。もっともバブルの時はよすぎて、非常に多くの問題がありましたが。

◎根本的な問題を解決しない限り、景気はよくならない

バブル以降、20年間もGDPが伸びていない国の、どこが景気がいいというので

しょう。

20年間も伸びないから、20年前に日本の8分の1しかなかった中国に2010年、GDPで抜かれてしまったのです。

日本経済は、潜水艦が故障で深海の海底まで沈んでしまい、その後、少しずつ浮上してきている状態と同じです。まだ潜水艦は海の上には出ていません。浮上しているから景気がいいとは言えないのです。潜水艦が海上まで飛び出して、初めて景気がよいといえるのです。白鵬が三番所連続で全敗し、長く8勝7敗を続けたとしても、「白鵬は強い」とは言わないのです。

何度もしている話ですが、長男健太が小学生の頃、「音楽の成績が先学期に比べて50%も上昇した」と自慢してきたことがあります。なんのことはない、先学期8点だったテストが12点に上昇したにすぎないのです。クラス平均は両方とも80点だったのです。8点だろうが12点だろうが落第は落第なのです。

景気がよい悪いは上昇率の問題ではなく、絶対的レベルの問題だと言いたいのです。日本経済は最大限の財政政策と金融政策を発動してきたのに、景気がずーっと悪かったのです。

なぜでしょう？

それは円が実体経済に比べて高すぎたせいだと私は確信しています。

円高で日本経済の天井が低く抑えられてしまったので、何をやっても跳ね返されてしまったのです。

財政政策を打っても、金融政策を発動しても、跳ね返されてしまうのです。

原発問題が片づかないことには何をやっても気分が晴れないのと同じです。

円が安くなって天井が上がることが、経済が上向く最低条件だったのです。

原発の解決が、私が楽しく暮らせる最低条件なのと同じです。

その「何が一番重要か」を見極めるのは政治家の役目ですが、それを今までの指導者は理解してこなかったのだと思います。

2.「1ドル200円で日本経済の夜は明ける」

私は2001年に『1ドル200円で日本経済の夜は明ける』という本を講談社から上梓《じょうし》しました。

題名が刺激的な割にはしっかり書かれた骨太の本だとおっしゃってくださった学者先生もいらしたのですが、「ちっとも200円にならないじゃないか」との文句もずいぶん言われました。

しかし、あの本を読み返していただきたいのですが（絶版になっているので声を大にしてそう言えます㊦）、あの本は予想の本ではないのです。「1ドル200円にならないと日本経済は決してよくならないよ」という「ベキ論」の本だったのです。その意味では、私の予想は大当たりなのです。もし円が現状の83円なのに日本経済が大発展していたのなら、私は自分の誤りを認めます。

しかし、「ドル／円が83円と低位安定（円は高値安定）してしまったからこそ、日本経済も低位安定してしまった」のです。

3. 中国が大躍進したのはなぜか

中国がついにGDPで日本を抜きました。

皆さんは、新聞を読んでアーそうか、と流してしまうかもしれませんが、実はこれはなかなか分析の難しい事象です。

ＧＤＰはドルで比較されるからです。私は「円が実体経済をきちんと反映していたらもっと円安のはずだ」と主張していますが、もし円がもっと弱かったら、日本はとっくの昔に、ＧＤＰで中国に抜かれていたのです。４７９兆円の名目ＧＤＰ（２０１０年）は１ドル80円なら6兆ドルですが、１ドル１６０円だったらたった3兆ドルなのです。今、１ドル１６０円だったら、日本のＧＤＰは6兆ドルではなく、たったの3兆ドルですから、ドイツに抜かれるのはもちろん、フランスやイギリスにも抜かれていたかもしれません。

一方、円が１ドル１６０円なら、日本の国際競争力は今よりはるかに強く、狂乱景気で、ＧＤＰは円貨で９６０兆円と2倍になっていたかもしれないのです。円安だと国際競争力がつき、経済が力強く発展するからです。

このように分析が難しい点があるのですが、中国の経済が非常に勢いがあることは誰も否定できないでしょう。物差しである為替の問題はさておき、20年前に日本の8分の１しかなかった中国のＧＤＰが、ついには日本を抜いたのです。

1・1の10乗は2・6ですから10％成長を10年続ければ、GDPは10年で2・6倍、20年で6・7倍となります。ですから、長らく10％成長を続けてきた中国がGDPで日本を抜きさるのは当たり前と言えば当たり前なのです。

ところで、なぜ中国がこれだけの高成長を続けられたのかを考えると、私はひとえに人民元を安く保つ政策を保持してきたからだ、と思っています。

中国政府は日本が円の高騰により、国力を落としていった過程を目の前でズーッと見ていたのです。学習していたのです。実態に合わない通貨高の不利益を日本から学習していたのだと思います。

図4を見てください。多くの方は認識していないと思うのですが、30年ほど前に比べると、人民元は急落しているのです。30年ほど前には1ドル1・74人民元だったものが、今や1ドル6・6人民元と4分の1、対円でいえば1人民元150円だったものが12・6円と12分の1になっているのです。**これだけ人民元が安くなれば、中国が世界の工場になるのは当然と言えば当然です。**

12分の1とは、今の1ドル80円が、1ドル約1000円になることです。1ドル3

元／ドルレート

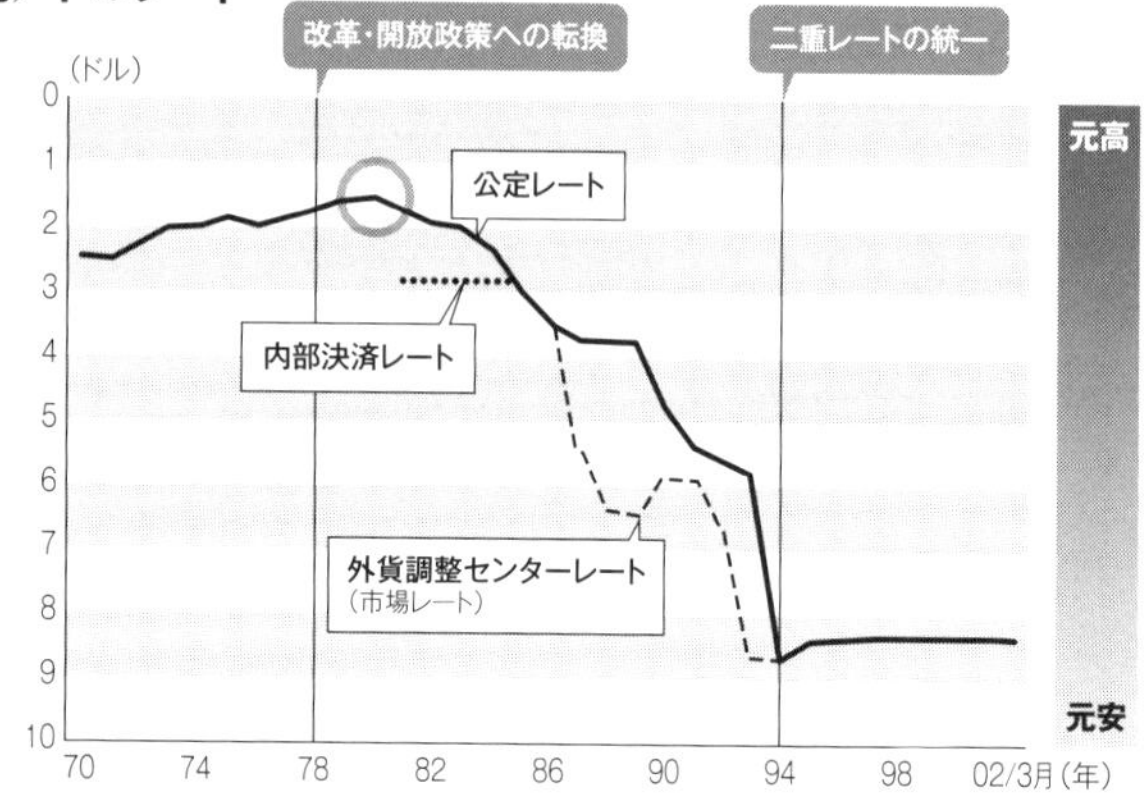

円／元レート

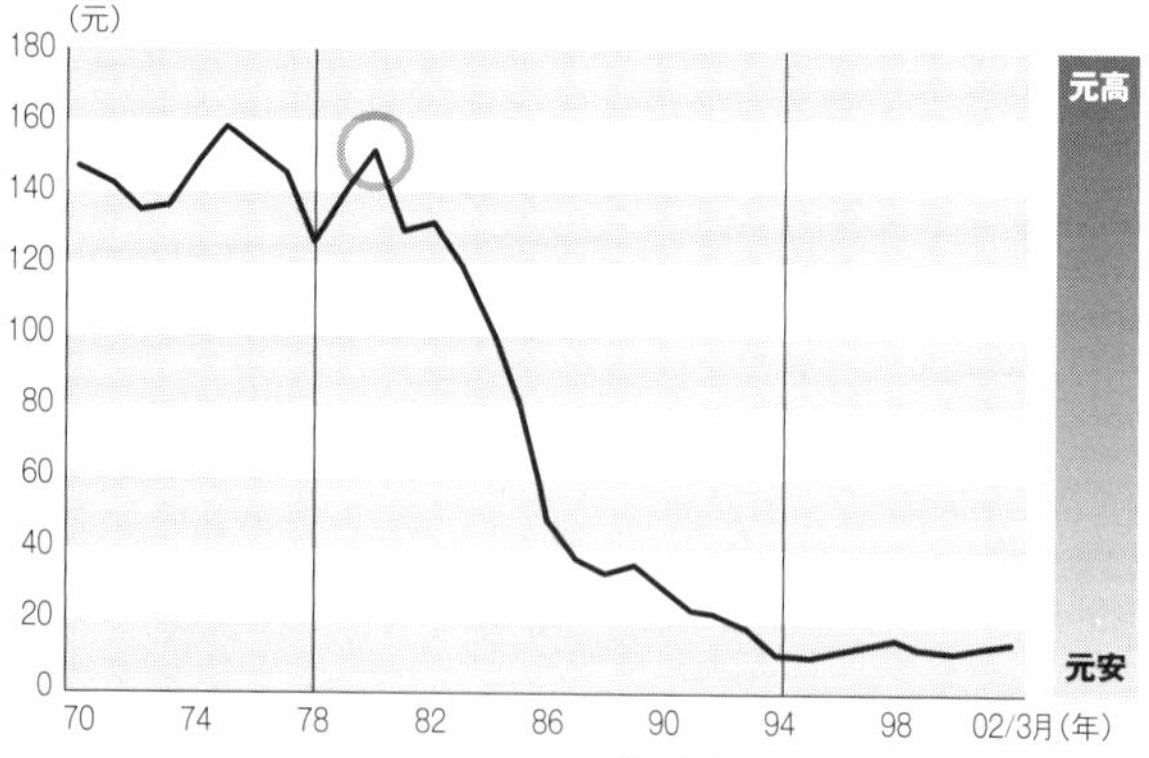

(注)2002年は3月の月中平均データ

「日本銀行調査月報」2002年5月号、P185　中国の為替制度／赤間弘、御船純、野呂国央

図4　人民元はここ30年で大幅に安くなっている

６０円どころではありません。日本は世界最強の工業国になります。

トヨタが米国でレクサスを5万ドルで売っているとしましょう。製造コストは３００万円とします（図５）。為替が１ドル80円なら、１台レクサスを売ると、トヨタは４００万円の収入となります。

しかし為替が１ドル１０００円になれば、１台レクサスを売ると、トヨタは５０００万円もの収入になります。円安のおかげで1台４００万円の収入だったものが、１台５０００万円もの収入になるのです。トヨタは大儲けで笑いがとまらないでしょう。こんな楽な商売ありません。

一方、トヨタが円安のこの機会に、米国内でのシェアを全部取ってしまおうと思えば、ものすごい値下げ攻勢ができます。

レクサスの製造コストは3,000,000円

1ドルが80円の時	1ドルが1000円の時
50,000ドル (4,000,000円)	50,000ドル (50,000,000円)
50,000ドル (4,000,000円)	4,000ドル (4,000,000円)

こんなに値下げをしても利益が出る!

値下げをしても1,000,000円の利益がある。安くなった結果、よく売れるため、日本が最強の工業国になる。

図5 為替によって企業収入は大幅に変わる!

トヨタは日本円で4000万円の収入があればいいわけですから、今まで5万ドルで売っていたレクサスを4000ドルに値下げできるのです。その4000ドルを円に換えれば、今までどおりの円での収入4000万円（4000ドル×10000円〈ドル／円〉＝4000万円）となります。

5万ドルで売っていたレクサスが、今日から4000ドルになるのです。同じ性能の車が12〜13分の1の値下げになるのです。アメリカ人は、こぞってレクサスを買うでしょう。

ここで注意しておきたいことは、**国際競争上、「円安はモノの値下げを意味する」**ということです。円が1ドル10000円と安くなったから、レクサスは4000ドルに値下げされたのです。

「円安が今の日本にとって重要」なのはこの点なのです。円安とは、値下げを意味するのです。後で述べますが、それは何もモノだけではなく、サービスでも労働力でも同じです。

為替とはこれだけのインパクトがあるものですから、米国が人民元切り上げを要請しても、中国がお茶を濁す程度にしか人民元の切り上げをしないのは当たり前です。

安い通貨を武器に輸出を増やし、世界の工場にのし上がってきた中国ですから、簡単には安い人民元を放棄はしないでしょう。

4. ギリシャは経済危機から脱しえるか

ギリシャが財政危機に陥っているのは、ご存じのとおりだと思います。

ただ本当は、日本のほうが財政に関してはよほど心配です。それにもかかわらず、**ギリシャが騒がれているのは、ギリシャ国債の7割をドイツやフランスの銀行が保有しているからです。**ギリシャがこけると、ドイツやフランスの銀行が困ります。ですから世界的には騒がれているのです。

日本の場合はご存じのとおり、国債の95%を日本人が保有しています。日本国がこけても、所詮は他人事なのです。だから世界的には騒がれないのです。

しかし、騒がれていないから深刻ではない、とは決して言えません。

それはともかくとして、ギリシャの赤字は日本ほど大きくないので、ギリシャの再建は可能だと思います。景気を回復させれば、財政赤字問題も終結します。

観光立国・ギリシャの景気を回復させる方法は2つあります。

1つはホテル代等の旅行関係費用を半額にして（たとえば1泊200ユーロから100ユーロへ）、ドイツやフランスからの観光客の大幅誘致を図る方法です。

しかし、これはホテル代はじめ、すべての価格の下押しを意味するので、強烈なデフレ政策です。デフレで経済が回復した例など私は聞いたことがありませんから、この策の有効性は極めて疑問です。

2番目の解決策は、ギリシャがユーロから離脱して、昔の通貨ドラクマを復活させ、ドラクマの価格をユーロに対して半分にする方法です。

ドイツ、フランスからの観光客にとって、ギリシャへの旅行費がユーロ建てで半額になります。ギリシャへの観光客は大幅増です。

もっとも、もしギリシャがユーロから離脱すれば、離脱する国が増え、最終的にドイツも離脱するでしょう。

こうなればユーロは崩壊すると思います。

今まで、この節でお話ししたことは、ユーロとドラクマの話なので、感覚的にすんなり理解できないかもしれません。そこで、米国と日本の関係で考えてみましょう。

◎円安はサービスの値下げを意味する

かりに今1ドル100円、日本が観光立国で、米国からの観光客で食べているとしましょう（図6）。

米国人観光客が減って来ました。熱海が打開策を考えます。方法は2つです。

一つは、1泊2万円のホテル代を、1泊1万円にする方法。米国人旅行客にとって熱海旅行は1泊200ドルから100ドルと安くなります。しかし観光立国でこれをやったら、国全体にデフレがはびこります。景気が浮揚するわけはありません。

そこでもう一つの方法を考えます。円を1ドル100円から1ドル200円と、円安にする方法です。

こうなると熱海はホテル代を1泊2万円に据え置いても、米国人旅行者にとっては1泊200ドル（2万円÷100円〈ドル／円〉が、1泊100ドル（2万円÷200円

熱海のホテルの1泊料金	
1ドル=100円	1ドル=200円
200ドル (20,000円)	100ドル (20,000円)

米国人観光客にとって、1ドルが100円の時に比べて半値になるため、利用者が多くなる。

図6　円安がサービスの値下げになる理由

〈ドル／円〉へと安くなるのです。

ここでも注意したいのは、国際競争上、「円安は、熱海旅行すなわちサービスを値下げすることだ」という点です。

ちなみに私がロンドンに転勤中の1980年代、ポンドが急落して1ポンドが1ドルに近づいたことがあります。我々ディーラーは、1ポンドが1ドルを割るか、賭けをしたものです（小額ですし、英国では違法ではなかったと思います）。

その時、ロンドンのデパート、ハロッズは米国人であふれかえりました。「ハロッズが米国人に占領された」と報道されたものです。ポンド安によって米国人の英国旅行がべらぼうに安くなり、米国人が英国に押しかけたのです。

「3．中国が大躍進したのはなぜか」のところで**「円安はモノの値下げを意味する」**と述べましたが、**「円安は、モノだけでなく、旅行を含めてサービスの値下げをも意味するのだ」**ということを覚えておいてください。

ところで、これは本文とは無関係で余計な話なのですが、ギリシャが再建するためには、実はもう一つの方法があります。

デフォルト宣言をして、ギリシャ国債の返済を行わないという方策です。

私の友人で、ある有力なギリシャの金融マンは「不幸な結婚でも離婚には勇気がいる」といって「ギリシャのユーロ離脱によるユーロ崩壊説」よりは、「ギリシャのデフォルト策」を予想していましたが、私は「ギリシャのユーロ離脱によるユーロ崩壊説」の可能性のほうが高いと思っています。ギリシャがユーロ圏崩壊の導火線になる可能性は十分にあるということです。

5. 工場の海外移転による空洞化を防ぐ

日産マーチの工場が2009年、タイに移りました。マーチはそこから日本に逆輸入されることになったのです。

これは円高により、日本人の労賃が値上がりしたからです。コスト削減のため工場が海外に進出して行ってしまったのです。工場が海外に行ってしまえば、日本人労働者は職を失い、工場周辺のレストラン、交通機関、その他商店も、皆仕事を失います。

地方のシャッター通りが問題化していますが、私は地方と東京の格差は「ひとえに為替問題だ」と思っています。

日本の会社は円高だろうが本店を東京から移さないでしょうから、ホワイトカラーの大半は職を失わないでしょう。

しかし、工場は海外に移転してしまいますから、地方に住むブルーカラーの人たちは職を失います。地方にシャッター通りが増えるわけです。ですから東京と地方の格差問題は、為替問題だと私は言うのです。これがひとたび円安方向に振れると、話が逆転していきます。

1ドル=100円のとき	1ドル=200円のとき
外国人	外国人
2000ドル／月	2000ドル／月
日本人	日本人
20万円／月 **（2000ドル／月）**	20万円／月 **（1000ドル／月）**

図7　円安になれば、外国企業が日本人に払う給料は外国企業にとって安くなる

月給2000ドルの外国人と、月給20万円の日本人の給料を比べてみましょう（図7）。

1ドル100円の円高の時は、月給2000ドルの外国人を雇うには、日本人の月給同額の20万円が必要（2000ドル×100円〈ドル／円〉）です。

しかし円安になり、1ドル200円になれば月給2000ドルの外国人を雇うのには40万円必要（2000ドル×200円〈ドル／円〉）になります。外国人の給料が高くなるので、工場は日本に戻って来ます。日本人の給料が変わったわけではないのですが、円安で外国人の給料が高くなったわけです。相対的に安くなった日本人労働力を求めて工場が日本に帰ってくるのです。

今までの話は日本の工場ですが、外国の会社も、安い日本人労働力を求めて日本に進出してきます。先ほどの例だと、外国人の月給は月2000ドルと変わりません。日本人の給料も20万円と変わらないのですが、米国人の経営者にとって20万円は、1ドル100円の時は2000ドル（20万円÷100円〈ドル／円〉）ですが、1ドル200円の円安になれば1000ドルに値下がり（20万円÷200円〈ドル／円〉）するからです。

ここでも注意していただきたいのは、**国際競争上、「円安は日本人労賃の値下げになる」**ということです。今までに**「円安はモノの値下げを意味する」「円安はサービスの値下げを意味する」**とも述べてきました。それと同時に、**「円安は日本人労賃の値下げを意味する」**のです。すべて国際競争上での話です。

6. 日本はなぜ不景気が続いているのか

私の弟は商売をやっていますが、景気が悪化し、売上が減少してくれば、対応策として値下げをします。

たしかに売り上げとは、「値段」×「販売個数」ですから、「売上高」を回復させるには、値上げも一つの方法です。しかし現実問題として、不況期に値上げをすれば客は逃げ、大幅に「販売個数」は減ります。倒産の危機です。

ところで、今までで私は「円安とはモノ、サービス、日本人労賃の値下げを意味する」と例をあげて説明してきました。裏返せば**「円高とはモノ、サービス、日本人労賃の値上げを意味する」**のです。

日本人は、私の大学生の頃の1ドル360円時代から多少のブレはあったものの、ズーッと円高の時代を経験してきました。**360円の固定相場時代から比べると、今や4・5倍にも円が高くなったのです。これはモノ、サービス、日本人労賃の値上げ**

をズーッとしてきたということです。これでは国際競争力が落ちるのは当たり前です。

ハーバード大学のエズラ・ボーゲル教授が『ジャパン アズ ナンバーワン』という本を出した1970年代後半は、日本企業の全盛期でした。

一方の米国は、金融危機で「もう米国は駄目じゃないか？」と言われたものです。その時のドル／円は約250円。あんなに強かった日本がこれだけ弱くなり、あれだけ弱かった米国がこんなに強くなりました。**弱体化した日本は「モノ、サービス、労働力」を大幅に値下げすべきだったのに、逆に大幅値上げをしてきたのです。**それでは販売に苦戦して倒産の危機に瀕《ひん》するのは当たり前です。

日本のバブルのピークの1989年末のドル／円は143・40円です。狂乱経済が終わって景気が悪くなったのに、日本は「モノ、サービス、労働力」をまたまた値上げしてきたのです。なにも売れなくなって窮地に陥るのは当たり前です。

前述したとおり、1981年末と比べると、中国人民元は4分の1になりました。中国はモノ、サービス、中国人労賃の値下げを続けてきたということです。

韓国ウォンも1981年末と比べると、今や11分の7と弱くなりました（図8）。韓国もモノ、サービス、韓国人の労賃の値下げを続けてきたということです。

それに対し、日本円は１９８１年末と比べると、２・７倍と逆に強くなっています。**中国と韓国がどんどん「モノとサービスと労賃の値下げ」攻勢をしている時に、日本はどんどん値上げをしてきたのです。**これでは日本の「モノ、サービス、労働力」のいずれも彼らに勝てるわけがありません。

人民元が4分の1になり、円が２・７倍になったということは、人民元は円に対して約12分の1になったということです。中国の輸出車というのはあまり聞いたことがありませんが、仮定として１９８１年に２００万円で日本に車を輸出していたとします。今では同じ車を17万円で売れるのです。どんなにトヨタが頑張ったとしても、勝てるわけがないではありませんか。

この前のアジア大会での金メダルの数を見ると、中国、韓国が1位、2位で、ドーンと差があいて日本でした。まさに3国の経済の勢いの状態そのものだと思いました。

でもそれは、為替の動きを見れば当たり前なのです。為替とは

1ドル	日本	韓国	中国
1981年末	**219.80**円	**701**ウォン	**1.7**人民元
2010年末	**81.10**円	**1,126**ウォン	**6.6**人民元

図8　日本円、韓国ウォン、中国元の対ドルレートの30年間の動き

それほど経済にとって重要な要因なのです。

7. 日本の企業はなぜ儲かっていないのか

2011年2月8日に世界最大の自動車メーカー・トヨタが今期の業績予想を発表しました。純利益4900億円で前期比2・3倍なのですが、私に言わせれば、たったこれだけか、なのです。トヨタでさえこの数字ですから、業績急回復の他企業の純利益もたかが知れています。これって、皆さんの認識に合っていますでしょうか？

日本の大企業は世界の大企業に伍《ご》して十分儲けていると思っていらっしゃいませんか？　とんでもないのです。全然儲かっていないのです。まさに経済産業省の望月晴文・前事務次官がおっしゃったように「日本企業は技術で勝って、利益で負けている」のです。

図9にある米国企業の純利益は、2010年度の年間利益です。NYダウと聞くと、相当な数の会社で構成されていると思っているかもしれませんが、米国を代表するたったの30社です。日経平均の225社と比べるとかなり少ないです。そのうちの何

シンボル	企業名 和名	業種	2010年純利益 円換算
CVX	Chevron Corp. シェブロン	石油	1.6兆円
DD	E.I. du Pont de Nemours and Company デュポン	化学	2460億円
DIS	The Walt Disney Co. ウォルト・ディズニー・カンパニー	娯楽・メディア	3290億円
GE	General Electric Co. ゼネラル・エレクトリック	総合電機・金融	1.0兆円
IBM	International Business Machines Corp. アイ・ビー・エム	コンピューター	1.2兆円
INTC	Intel Corp. インテル	半導体	9400億円
JNJ	Johnson & Johnson Inc. ジョンソン・エンド・ジョンソン	医薬品	1.1兆円
JPM	JPMorgan Chase and Co. JPモルガン・チェース	金融	1.3兆円
KFT	Kraft Foods Inc. クラフトフーヅ	食品	2000億円
KO	The Coca-Cola Co. ザ コカ・コーラ カンパニー	飲料	9700億円
MCD	McDonald's Corp. マクドナルド	外食	4000億円
MSFT	Microsoft Corp. マイクロソフト	ソフトウェア	1.5兆円
WMT	Wal-Mart Stores Inc. ウォルマート・ストアーズ	小売業	1.2兆円
XOM	Exxon Mobil Corp. エクソンモービル	石油	2.5兆円

図9　2010年度の米国企業の年間利益

社かの利益をここに列挙しました。

これらと図10の日本企業の純利益予想額を比べてみてください。ちなみに図10は震災前の利益予想なので、実績はこれよりかなり悪くなると思いますが、ここにあげたのは大震災が来る前の時点での2011年3月期の予想です。

ちなみにアサヒビールとサントリーは12月決算なので実績が出ていました。2010年12月期の純利益は、アサヒビールは過去最高の530億円、サントリーも過去最高益で400億円でした。しかし過去最高益といいながら、コカ・コーラ（9700億円）やペプシコーラ（5200億円）の純利益と比べると情けなくなります。

日本企業の純利益は、米国企業の決算よりも1桁少ないことがお

クボタ	**520億円**
三菱ケミカルHD	**750億円** 昨年比5.8倍
旭化成	**570億円** 昨年比2.3倍
国際石油開発帝石	**1500億円**
IHI	**200億円**
三菱重工	**200億円**
東レ	**540億円** 前期は141億円の赤字
住友化学	**100億円**
日立	**2300億円** 黒字転換
パナソニック	**850億円**
ソニー	**700億円**
東芝	**1000億円**
NEC	**150億円**

図10　2011年度の日本企業の純利益予想額

わかりかと思います。

皆さんにこういう認識はありますか？

２０１１年４月22日の日経新聞七面に「米金融、さえない収益力」という記事があります。

２０１１年１〜３月期決算での純利益は図11のとおりです。

これは１月から３月までの３カ月間の決算ですから、１年間の利益を推測するために４倍にしてみましょう。

ＪＰモルガン・チェースは４倍すると１兆８４００億円。たしかに私が勤めていた頃は３兆円とか４兆円とかでしたから、さえないかもしれません。

金融危機の前からみると、株価が10分の１以下になってしまったシティーグループは、４倍すると１兆円にしかなりません。でも１兆円です！

バンク・オブ・アメリカ	●	20.4億ドル	約1700億円
JPモルガン・チェース	●	55.5億ドル	約4600億円
ウェルズ・ファーゴ	●	37.5億ドル	約3100億円
シティーグループ	●	29.9億ドル	約2500億円
ゴールドマン・サックス	●	27.3億ドル	約2300億円
モルガン・スタンレー	●	9.6億ドル	約800億円

図11　2011年1〜3月期決算での米国金融機関の純利益

◎日米企業の収益を比較すると……

一方、その前日、2011年4月21日の日経新聞夕刊三面に、「三井住友ファイナンスグループの2011年3月期の連結純利益は4000億円後半にとどまる見通しだ」という記事があります。

4000億円台後半です。当初予想は5400億円でしたが、東電株の減損処理800億円など東日本大震災の影響が出たための減額予想です。

しかし、東日本大震災の前の予想でも5400億円でした。

米金融を「さえない収益力」と言うのなら、「邦銀の収益力」は「超超さえない収益力」とでも言うのでしょうか。それとも「どうしようもない収益力」とでも言うのでしょうか?

三井住友ファイナンスグループの純利益は、これでも日本のトップ何番目かに入る額のはずです。

邦銀と米銀の純利益の差は1桁、2桁あるわけではありませんから、金融業は業界としては頑張っているほうです。それでも日米企業の収益力には、これだけの違いがあるのです。他の業界では、まさに純利益の差が1桁、2桁あります。

さらに言えば、日本企業の収益力は米国に負けているだけでなく、先進国企業の中でも最低クラスなのです。

「利益回復でうれしい」と能天気に喜んでいる場合でもないし、「モノづくり日本は強い」「労働分配率を上げろ」「法人税減税は大企業優遇だ」などと議論をしている場合でもないのです。こんな低収益が続けば、国際競争で完敗してしまいます。

時価総額（株価×発行株数）だって低いままでしょうから、「安い買い物」と外資に買い叩かれてしまいます。その結果、技術も海外に移転してしまい、日本人は下請けに徹しなければならなくなってしまうのです。

日本企業が他国企業に比べて、これほどまで儲かっていないのはなぜでしょうか。

他国の経営者がドラッカーを熟読しているのに対し、日本の経営者は『もし高校野球の女子マネージャーがドラッカーの「マネジメント」を読んだら』（岩崎夏海／ダイヤモンド社）という本が出るまで、ドラッカーを読んだことがなかったせいでしょうか？

とんでもありません。そんなことでは、これほどの大きな利益の差は出ないのです。昔、もてはやされた終身雇用制が最悪のシステムだったのでしょうか？ 決してそうとも思いません。もっと大きな基本的な問題があるのです。そして、それは「円高」問題なのだと、私は確信しています。

法人税減税も重要ですが、そもそも税引き前の利益が少ないのです。日本企業の利益低迷は「円高」のせいなのです。

8. 日本人はなぜ海外に目を向けなくなったのか？

日本の携帯電話は「ガラパゴス現象」と言われています。日本の携帯電話には、さまざまな高度の機能が付加されています。私などついていけません。

秘書のヤマダに、「私が使いこなせる携帯を買ってきてくれ」と頼んだら、「らくらくフォン」という字が大きく、一番操作が簡単なものを買ってきてくれました。「おじいちゃま、おばあちゃま用」だそうです。それでも、私には使いきれない機能が満載です。

日本の携帯電話は、当初は女子高生をメインターゲットとして、非常に複雑で高性能なものに進化していったのです。

一方、世界の潮流は、単純機能にして安価な設定の携帯です。

日本だけ独自の進化を遂げたということで、日本の携帯電話は「ガラパゴス現象」と言われているのです。

こんなに複雑で値段が高い携帯電話が、世界で売れるわけがありません。

おかげで世界の携帯電話は、フィンランドの会社であるノキアや韓国のサムスン電子に大きくシェアを取られてしまったのです。

これをもって「携帯電話会社の経営陣は海外に目が向いていなかった」とか「メンタリティーが内向きだ」と非難めいた批評をする識者がいます。

本当にメンタリティーが内向きだったのでしょうか?

たしかに内向きだったかもしれません。しかしそれは円高のせいだったと私は思います。携帯電話が1台100ドルだとします。1ドル80円では1台売れて8000円にしかなりません。儲からないのです。だったら付加価値をつけて、国内市場で2万円で売ろうかという話になるでしょう。

もし1ドルが300円の円安なら、1台100ドルの携帯電話が売れれば3万円になります。それなら海外に出て売ろうかな、と思うでしょう。

また若い人が留学したがらなくなったと聞きます。たしかに米国のビジネス・スクールに留学する日本人は、我々の頃に比べると激減しているようです。これを「草食男子のせいだ」とか、「若者にガッツがなくなった」とか言う識者がいます。

そうでしょうか？

私は、これもやはり円高から起きた現象だと思っています。昔は海外に出て行くだけの能力があれば、金持ちになれたのです。

しかし円が強くなると、海外で働こうというモチベーションや、そのために海外のビジネス・スクールで学ぼうというモチベーションは薄れます。

たとえば米国の企業が5万ドルの年収をくれるとします。1ドル80円なら400万円にしかなりませんが、1ドル300円なら1500万円もの年収になります。これなら海外に行って働けば、帰国して家を建てられるぞ、と思う人が出てくるのだと思います。海外で働くためにビジネス・スクールで勉強しよう、と思う人が出てくるはずです。

日本人が内向きになってしまったとするなら、それが全部とは言いませんが、かなりの部分が円高のせいだと私は思うのです。

9．景気が悪いのになぜ円高が進んでしまったのか

日本の景気が悪くなっても、１４５０兆円もある巨大な個人金融資産が海外投資に回りませんでした。それが円高の最大の理由でしょう。本来、日本経済が低迷して、魅力的な投資物件が国内になくなれば、お金はより魅力のある海外に流れるのがふつうです。当然、円売りが起こりますから、円安が起きたはずなのです。

今までくどいほど申し上げてきましたが、円安は「モノ、サービス、労働力」の値下げですから、景気の悪くなった日本は、円安を武器に国際競争力を回復します。そうすると、今度は円高に向かっていくのです。景気がよくなれば値上げできるのです。変動相場制とはそういうものです。

しかし、日本では変動相場制が機能しなかったのです。

為替が国力を反映して動かなかったのは、この国が本当の資本主義ではなかったか

らだと考えられます。株主資本主義が徹底した国の会社経営者であれば、22年間で4・5倍になった米国株（日本のバブルピーク時の1989年末のダウ平均は2753ドル、2011年4月26日現在は1万2595ドル）に投資をせずに超低金利の日本国債に投資を続けた場合、退陣させられていたでしょう。米国の機関投資家の経営者なら間違いなくそうです。

日本の組織では、利益チャンスを見逃しても、損さえしなければ経営者として生き延びられます。郵貯が典型で、損しなければ公務員としての地位は安泰だったのです。ハイリターンを得ても、賞与等で報われることはありません。したがって、ハイリスク・ハイリターンの海外投資を控え、日本の国債に投資し続けたのだと思います。

郵貯の職員が悪いのではなく、そういう社会主義的仕組みなのですから、当然の結果です。市場原理が無視され、資金が国内に滞留したのです。ちっとも円売りドル買いが起こらず、その結果、実体経済に比べて円が強くなりすぎてしまったのです。

そして日本には今、巨大なひずみが溜まってしまっていると考えられます。

ところで、こういう話をすると、必ず識者と称する人たちが、「不景気で日本をテコ入れすべきお金が必要なのに、それを海外に持って行ってしまうとは何ごとか」と目くじらを立てます。

海外にお金が出て行くことを「キャピタルフライト」というのですが、「キャピタルフライト」を危惧する人が出てくるのです。

しかし、そういう人は経済を知らない人です。日本で必要な円というお金は、一定量ではなく日銀が紙幣を刷ればいくらでも増やせます。もちろんお金の価値は下がるという問題はありますが、海外に投資が行ってしまうと、日本からお金がなくなるというのは的外れです。

しかも現在、企業はお金を使ってくれません。日銀が行っている量的緩和というのは、「企業がお金を借りてくれないから、銀行間の資金をジャブジャブにしましょう。そうすれば銀行間取引から実体経済にお金が浸《し》み出していくだろう。すなわち企業がお金を借りて設備投資などで使ってくれるだろう」という予想のもとにやっている政策です。今、日本にはお金が余っているのです。

資金が海外に向けば、円安が進みます。円安が進めば日本の国力が回復し、有力な投資物件が国内に生まれてきます。

そうなれば、**資金は再度、日本に戻ってくるのです。資金が行きっぱなしということはないのです。**

その結果、今度は円高が進んでいきます。**このように市場原理は偉大なのです。**市場原理は悪だ、などと市場原理を否定するからいけないのです。

日本国内にお金が滞留してしまったのは、第一に日本が社会主義だったからなのです。

そして第二には、「日本は、すべてにおいて安全な国だ。したがってその国から資金を持ちだす必要はない」と皆が思っていたせいかもしれません。しかし、「日本はすべてにおいて安全な国だ」という前提が、今回の震災で崩れてしまったのです。

ところで、私が「日本は社会主義だ」と言うのを聞いて、不愉快に思う方がいるでしょう。

しかし、日本にいる外国人の間では、それは一種の常識です。大きな政府、多くの規制、結果平等主義の税制。これらがもっと過激になれば、社会主義どころか共産主義になってしまいます。

よく外国人が言うジョークに、「日本人が中国のことを社会主義だと言うと、中国人に『あんたらだけには言われたくない』とやり返される」というのがあります。前にも書きましたが、中国では月に3万7500円以上の収入のある人は税金を払わなくてはいけないのです。所得税を通じての格差是正など全く考えていないようです。一方、日本では月々27万円以下の収入なら、所得税を払わなくてもいいのです。どちらが社会主義なのでしょうか。

10. 常に円安がいいわけではない

現在の日本にとって、「いかに円高が弊害なのか」を述べてきました。だからと言って、私は「いつでも円安がよい」と言っているわけではありません。**景気がよければ、円高がいいのです。インフレを抑える最高の手段が円高だからです。**

現在は景気が悪くてインフレを心配する状態ではなく、むしろデフレが気になっている状態だからこそ、「今は円安が必要」と言っているのです。

もう一つ、日本がもしドルなど他通貨で借金をしていたら、「円安を！」などと言っていられませんでした。924兆円にものぼる借金を自国通貨の円で行っていたのは幸いだったのです。

もし他国通貨建てで借金をしていたら、アルゼンチンのように、通貨安が国家破綻の契機となってしまうのです。

924兆円の借金を、1ドル100円の時に9・24兆ドルのドル建て国債で調達していたとしましょう。買い手が日本人だろうが米国人だろうが、それはここでは問題になりません。もし満期に1ドル200円の円安になっていれば、日本政府は借金9・24兆ドルの返済に18448兆円もの資金が必要になってしまいます。途端に財政破綻です。

ということで、借金を他通貨建てで行っている時には、自国通貨安の政策は取れません。日本の復興に円安政策が最重要案件である時、日本が他通貨で借金をしていなかったのはまさに不幸中の幸いだったと思います。

よく「自国通貨高でつぶれた国は過去にないけれど、通貨安でつぶれた国はある。

だから円高のほうがいいのだ」と、とんでもないことを言う識者がいます。今述べたように、日本がドル建ての日本国債で資金調達をしていたら、円安でつぶれます。通貨安でつぶれた国があるというのは、このように他国通貨建ての調達をしている国の話です。日本には当てはまりません。

日本はこのままいけば、「自国通貨高」でつぶれる最初の国になるでしょう。自国通貨高というのは、本来、国力が強い時に起こる現象です。そういう時は、国など普通はつぶれるわけがないのです。

Part12

円が暴落した後、日本は復活する

1. 国際競争力が大回復する

今まで、「いかに円高が、日本の景気回復に悪影響を及ぼしてきたか」を述べてきました。

理解していただけたでしょうか？

逆に、「円安にすれば日本の景気回復は簡単」なのです。「景気回復はコロンブスの卵だ。簡単だ」と私が言い続けてきた理由です。

その昔、故小渕恵三元首相が「日本の景気を簡単に回復させる方法があれば、それを教えてくれた人にひざまずく」とおっしゃったことがあります。それを聞いて私は自分のホームページ「プロパガンダ」(http://www.fujimaki-japan.com/takeshi/)

に、「万歳！　これで小渕首相が私にひざまずく」と書いたものです。

しかし、誰も聞いてくれませんでした。「週刊ダイヤモンド」だったか「週刊東洋経済」だったかの「景気対策」の記事で、いろいろなエコノミストや識者の景気対策をインタビューしてまとめた記事がありました。その中で「ユニークなのは『円安で景気回復を図るべきだ』と主張する藤巻さんだ」と紹介されたくらいです。皆、「財政出動」とか「金融緩和」とか「日本の技術力にかける」だとか、私に言わせるとしょうもないことばかりの論を張っていらっしゃいました。しかし残念ながら、円安景気回復論は紹介されただけで、やはり誰も真剣に検討してくださいませんでした。

ついでながら、私は十数年前から「マイナス金利論」を主張していたのですが、これも馬鹿にされました。同じく、「インフレ必要論」も大いに非難されました。当時、インフレという言葉は悪魔の言葉だったのです。しょうがないので「デフレ脱却論」とタイトルだけマイルドにして主張したものです。


話をもとに戻します。

もともと私は、財政破綻を契機に、かなりの円安が進むと思っていましたが、それに加えて今回の災害です。

不幸中の幸いで、これらの2つの強烈な理由で「大幅円安」が進むと思います。これが大原動力となって、日本の回復は進むのです。

しかし、なんとも高いコストでした。

円安が進んでも各国から文句は出ないでしょう。ドル買い協調介入をしてくれたぐらいですから。

また、今後、たとえ他国から文句が出たとしても、正々堂々と反論すればいいのです。

なぜなら我々は、非難される状況ではないからです。外国の誤解です。その誤解をきちんと説明してこなかったのは政治家の責任です。

たしかに、まだ経常黒字が続く可能性があります。経常収支とは大きく分けて2つあります（92頁の図3参照）。「貿易＋サービス収支」と「所得収支」です。**日本が貿易立国といわれた時期は、この「貿易＋サービス収支」の黒字が大きかったのです。これが大きいと、他国から文句を言われてもしょうがありません。「労働の搾取」だからです。**

昔、日本は大量にテレビを米国に輸出していました。そうなると米国のテレビ産業は日本製にやられて、工場を閉めなければなりません。失業者が生まれるわけです。ですから「貿易＋サービス収支」が大きいと非難の的になるのです。

ところが、この震災を契機に、すでに小さくなっていた「貿易＋サービス収支」の黒字は近々、赤字に転落するのではないかと言われています。先述したとおりです。そうなれば、非難される理由は全くなくなります。

今、経常黒字が大きいのは、「所得収支」の黒字が大きいからです。所得収支とは昔貯めた貿易黒字を海外に投資したあがり、すなわち配当金とか利息という収入です。

これは、他国から感謝こそされ、非難される筋合いのものでは全くありません。投資先国の経済を発展させ、彼らの雇用を増やすからです。

ということで、今後ますます、海外からの「経常黒字」非難は的外れになるのです。

◎円安で競争環境もよくなる

円安に対して海外からの非難があったとしても、きちんと説明し、粛々と円安を受け入れていけば、円安は「モノ、サービス、日本人の労働力」の値下げですから日本の国際競争力は増し、「行け行けどんどん」の時代が再度来るわけです。

こう言うと怒られるのは承知のうえですが、昔日本の企業が世界の他企業を圧倒していた時、その繁栄の理由は「日本人の勤勉さ、技術力の素晴らしさ、誠実さ、学力の高さ、終身雇用制、会社の家族的結びつき」と言われていました。ある面正しいと思います。

しかし、忘れられていたもう一つの理由は、「円安という競争環境のよさ」だったと思うのです。その「競争環境のよさ」が戻ってくるのです。経済の回復が大いに期待できるわけです。

これはまさに、1997年の通貨危機で地獄を見た韓国が大回復したのと同じプロセスです。

1997年、韓国は通貨危機のせいで、株価が3分の1、通貨ウォンも3分の1になりました。そのせいでガソリン代が高くなり、高速道路には1台も車が走っていなかったと聞きます。失業者は街にあふれ、ついにはIMFが入って来ました。植民地になったようなものです。

韓国はもう駄目だと言われました。その韓国が、これだけの大回復をしたのです。

近年の日本と韓国の実質経済成長率を図12で比べてみましょう。

なんという勢いの違いでしょう。

韓国の5・2%や4・5%の成長率は、日本ではとんと経験していません。そんな成長率を見たのは、はるか昔です。

サムスン電子など、たしか一昨年の純利益が1兆円を超えていたと思います。1兆円とはものすごい利益です。韓国では、それほど巨額の利益を上げる企業が誕生するまでになったのです。

過去に日本企業で1兆円の純利益を上げたのは、三菱東京UFJ銀行とトヨタぐらいだったと私は記憶しています。

ちなみに2010年3月期のパナソニックや日立製作所の純損失は1000億円を超えていたと思います。

(%)

	2005	2006	2007	2008	2009	2010
日本	2.3	2.3	1.8	−3.7	−1.9	1.9
韓国	4.0	5.2	5.1	2.3	0.2	4.5

※2010年は、IMF4月時点での見通し

図12　日本と韓国の実質経済成長率

2. 資産効果が好回転する

円安で国際競争力が増すと、さらに好回転が生まれます。

円安になると、熱海旅行がハワイ旅行よりはるかに安くなります。ハワイが高くなったせいで、ハワイへ行くはずだった観光客が熱海に殺到します。すると、熱海の会社の株価が上がります。儲かるからです。

こうして熱海の土地の値段は上昇します。そんなに儲かるのなら、皆、熱海でホテルや旅館を経営したいと不動産物件を探すからです。工場が円安で海外から戻ってくるのなら、工場予定地周辺の地価も上がります。そうすると土地や株を昔から持っていた人は、お金持ちになったつもりで消費を増やします。消費増を見て株や土地価格はさらに上昇します。

そう、前にお話しした資産効果です。資産効果の好回転が始まるのです。

逆資産効果からプラスの資産効果への逆回転にはものすごいエネルギーが必要だ、と前に書きましたが、円安がそのエネルギーとなるのです。

3. 企業の業績が伸びる

国際競争力の回復の結果ではありますが、円安になれば、企業業績はかなり伸びると思います。

Part11で、円高のせいで、いかに日本の企業が儲かっていないかを述べましたが、円安になれば企業収益はどうなるでしょうか。トヨタの今年度の連結純利益の予想は2011年2月8日時点で、4900億円にすぎなかったとも述べました。この純利益の予想は1ドル＝86円と、昨年度に比べて7円、円高になる前提の数字だそうです。その結果、為替によって営業利益が3100億円も減るそうです。

7円で3100億円の減収ということは、1円あたり443億円の減収です。ということは1ドル＝120円になれば、1兆5062億円の増益で、トヨタは2兆円企業となります。営業利益が1兆5062億円増えると、純利益も1兆5062億円増えるとか、利益の増え方が比例的だとか、ことはそんな単純な話ではないでしょうが、円安になれば、かなりの純利益増になり、米企業と肩を並べることができると思うのです。

企業が儲かるということは、法人税収が急増するということです。

2011年度の予算では、法人税は大震災の段階で7・8兆円の税収を見込んでいます。たったの7・8兆円です。円安になり、企業の純利益が米国の会社並みとはいえなくとも1桁多くなれば、10倍の法人税で78兆円も期待できます。国の財政は大いに楽になります。円安は国の財政問題のためにもなるのです。もっとも財政はすでにあまりに悪くなりすぎていて、円安だけではもう手遅れだとは思いますが。

日本と米国ではGDPが1対3なのに、税収は1対4・5とかなりの差があります。日本のほうが税収がべらぼうに少ないのです。所得税や法人税の税率は米国のほうがかなり低いのに、税収はかなり多いのです。

課税最低限が日本のほうが高く、所得税を払っていない人が日本のほうがはるかに多いのが一つの理由だと思います。消費税率が日本のほうがはるかに低いのも理由の一つでしょう。もう一つの大きい理由は、個人も企業も儲かっていないからだと思います。儲かっていなければ、所得税も法人税も少なくなるからです。

日本は、最近、格差議論がさかんに行われ、「分配」ばかりを考えてきました。分配だけではじり貧で、「皆が平等に貧乏」になってしまいます。「成長なくして何の分配ありや?」と私は思います。

4. 円安になれば年金も安定する

今まで述べてきたように、円が安くなれば、海外に出ていた工場は相対的に安くなった日本人労働力を求めて国内に戻ってきます。工場が戻ってくれれば、周辺のレストランや交通機関も元気になり、地方経済は活性化します。シャッター通りもなくなり、新卒者も引く手あまたとなるでしょう、「内定が決まらず自殺者が増加する」という事態もなくなり、非正規就業者の問題もなくなるでしょう。

工場が日本に戻ってくれれば、工場用地をはじめ、多くの土地の値段は上昇し、その資産効果(資産を持っている人が金持ちになったつもりで消費を増やす)で景気はますますよくなり、株価も上昇してくると思います。そうなれば年金も高い運用利回りを享受できて、年金の将来に不安を持つ人はいなくなります。

その結果、年金保険料未払い問題も減ると思われます。

２０１１年4月21日の日経新聞四面によると、全国に６０８ある厚生年金基金のうち、**９割近い５２９基金が企業年金の利回りを５・５％と想定しているそうです。しかしながら、この株価の低迷ぶりです。国債利回りは１％前半です。利回りが５・５％になるわけはありません。**

おかげで、このうちの３６４基金で積立金が不足し、不足額の総額は１兆１２００億円にも達しているそうです。

円安になれば、こんなニュースも聞かなくて済みます。さらには企業収益増大とともに、国家税収が爆発的に増え、累積赤字は減っていきます。

人々は外を向き始めます。外需で儲かるからです。ガラパゴス現象などという言葉も消え失せます。若者は留学を志します。世界が市場になり世界に飛び出せば儲かるからです。

このように円安になれば、今の日本にあるほとんどの問題が解決するのです。

閉塞感も当然のことながら霧散するはずです。

5. ハワイ旅行やルイ・ヴィトン購入よりも価値のあること

今まで述べてきたように、円安は日本にとって復活の切り札です。

しかし、そうは言っても日本にとってのデメリットはあります。しばらくの間、ハワイ旅行にも行けないし、ルイ・ヴィトンも買えなくなるからです。

一方で、円安は日本にとって「モノ、サービス、労働力」の値下げですから、国際競争力は回復します。円で売るにはいいのです。

つまり、円で売るのにはいいということは、円で買うのには悪い、ということでもあります。「買い手」にとっても「売り手」にとってもいい価格などはないのです。

値段が高ければ売り手にはよいのですが、買い手にはよいわけありません。買い手にとっては、同じ品質なら安いほうがよいに決まっています。値段が安ければ、買い手はうれしいですか、売り手にはよいわけありません。

円が安くなれば、円で「モノ、サービス、労働力」を海外に売るにはいいのですが、円で「モノ、サービス、労働力」を買うのにはよくないということです。

円で、ハワイ旅行というサービスや、ルイ・ヴィトンのバッグというモノを買うのは大変になるのです。円が安くなれば、工場が戻って来て働く場はできますが、ハワイ旅行は高くなるのです。

しかし、この不景気において、「仕事はあるけど、ハワイ旅行は高すぎる」のと「仕事はなくなるけど、ハワイ旅行は安い」のと、どちらを選択するべきでしょうか？

私なら今は、当然、前者です。

いずれ豊かになれば、後者の状態、すなわち円高がよくなるのです。

おわりに

今回の震災は、日本にとって第二の敗戦といえるほどの大きな衝撃です。震災だけならまだしも、財政が破綻直前の時に、この震災が起きたのです。いざ復興しようと計画をたてる度に、財源がないことが問題となるでしょう。国債の未達（国債が完売できない）が起こり、円が暴落し、お金の枯渇を実感するかもしれません。

いずれにせよ大きな経済的ショックがやってきて、我々は身の丈に合った、つつましい生活を強いられることになると思います。その覚悟が必要です。

しかし、市場原理とはよくできたもので、日本もいずれは「円安を武器」に景気の大回復をすると思います。日本人には誇るべき頭脳と勤勉さという、基礎的な能力があるからです。

ただ残念ながら、大回復をするまでの不況期は、深くて長いと想像されます。それを認識し、資産運用でも当面の間、守りの姿勢を取るべきです。

その解は、ひとえに「外貨分散投資」です。いくら「日本が好き」だからといっても、円資産のみではアホな政治家のせいで、国と一緒に財産や人生を失い、轟沈《ごうちん》する可能性があります。

国は我々を守ってはくれません。

国といえども、金がなければ何もできないからです。

自分の頭でどうこの不況期を乗り切るか、財産を守るかを考えていかねばなりません。この本がその一助になったなら幸せです。

ところで、先ほど「身の丈に合った、つつましい生活を強いられる」とお話ししましたが、日本はこの震災ゆえに、豊かさを手放さないといけなくなったわけではありません。

本来なら、以前から身の丈に合った生活を強いられていたはずでした。

震災前は、（借金によって）「身の丈」以上の生活が偶然できていたのが、今後は

「身の丈」の生活を強いられるのです。

家庭では収入が減れば、支出を減らします。

ところが震災前の日本は、収入が減ったのに、支出を減らさなかったのです。

2011年度の予算でいえば、48兆円しか収入がないのに、92兆円も使おうとしています。バブル以降ずっと「身の丈以上の生活」を続け、最近はばら撒きでそれを加速させていたのです。

足りない分は借金で賄っていました。我々の世代で返せる借金なら、それもいいでしょう。

しかし、累積の借金額はとんでもなく巨額になり、我々の世代では到底、返しきれません。ですから子ども、孫、ひ孫、その子どもたちが借金を返さざるをえないのです。こんなことが許されていいわけがありません。

この震災の結果、子孫は、苦しい生活を強いられることになるでしょう。加えて我々が作った借金も返済させられるのです。

この震災が、そのような国家の借金生活に、「NO!」を突きつけることになると私は思います。

この数年間、格差是正という旗の下、日本は社会福祉費を増やしてきました。国家の歳出の4割は社会福祉費ですから、現在の社会福祉費は歳入の額に比べて、どう考えても多すぎます。「社会福祉費は4割にすぎないではないか」と言う識者がいるかもしれませんが、まさか国債の元本償還額や金利の支払い額を減らすわけにはいきません。借金ができないのならば、社会福祉費を減らさなければ、国家の金が回らなくなってしまいます。

公的な健康保険や介護保険、そして年金を日本人は当たり前と思っているはずです。しかし、日本のような公的な健康保険は、米国にはありません。財政赤字の原因になるからという考え方です。

GE前会長兼CEOのジャック・ウェルチ氏が、2010年の日経新聞紙とのインタビューの中で、「コストを考慮しないような医療改革はいけない」と述べています。

また1990年代後半以前の日本には、介護保険もありませんでした。

大正時代には年金さえなかったのです。いつ公的年金が始まったかは知りませんが、私の祖父が「朝鮮銀行」を退職した大正9年当時は（朝鮮銀行といっても、日本の植民地時代につくった日本資本の日本の銀行です）、年金がなかったそうです。

ですから、歴史的にみても、「公的な健康保険」や「介護保険」、そして「年金」は「基本的人権として、あって当たり前のもの」ではなかったのです。ましてや子孫の犠牲のもとに払われて当然というものでも決してないのです。

その時々の国力に応じた社会福祉しか、期待してはいけないのです。1日2ドル以下で暮らす国民が半数以上の国ハイチで、米国人並みの社会福祉を求めては国家が破綻してしまうのです。

この震災を機に、社会福祉費の大幅カットが検討されることになるでしょう。そこで初めて人々は、国の歳入を上げなければならないことに気がついてくれると思うのです。何度も言いますが、これ以上の借金はできないのです。

歳入を上げるためには、消費税等の税率上昇も一つのアイディアですが、あまりに大幅だと国力を疲弊させるだけで、逆に税収総額を減らしてしまいます。

だからこそ重要なのは、国力自体を上げることなのです。そうすれば税率が同じでも、税収は増えます。それには「市場原理の導入」が不可欠です。

私はこの本の中で「為替が市場原理にのっとり、円安になれば、日本経済の大復興につながる」と書いてきました。

アサヒビールとサントリーの2010年12月期の決算は過去最高益でした。しかし、2010年12月期のコカ・コーラの純利益が1兆円弱なのに対し、おのおの530億円と400億円にしかすぎないのです。飲食業界だけの話ではなく、多くの業界で日本企業と米企業では純利益が1桁または2桁も違うのです。この原因は為替の差だろうと私は申し上げました。

為替を含めて市場原理が働くようになれば、日本企業の利益は今より1桁は多くなると思います。今年度の法人税は、予算段階の見積もりで7・8兆円ですが、日本も米国のように為替を含めて市場原理が働くようになれば、法人税収は単純計算で78兆円になります。法人税が78兆円になれば、今まで通りの社会福祉が可能かもしれません。

日本人はここまで日米の企業収益が違っていることに気がついているでしょうか。資本主義、市場主義を信奉している米国の企業と、日本企業とのこの大きな差に気がついていたでしょうか？

日本企業は、金融危機以降、「市場原理主義」という造語を作り、「市場原理」を忌《き》諱《い》している日本国をホームベースにしているのです。効率的経営などできません。

企業収益の代わりに、子孫からの借金で生活レベルをキープしてきた日本は、この震災を契機に、「市場原理」を否定してきたコストに気がつくのだと思います。

この本では、今後、市場原理により「円安」が起き、それが日本経済の大復活につながるという点を強調してきました。その裏にある思想は「市場主義こそが日本を復活させる」というものなのです。

日本は現状、市場原理が働いておらず、極めて非効率な国です。企業も個人も全く儲かっていないのです。

これは逆の言い方をすれば、「改善の余地がいくらでもあり、大回復ができる余地が十分ある」ということでもあります。

市場は偉大です。それを理解して「市場原理」に基づいて改革を重ねてこそ、日本経済の大回復はあるのです。

その点を認識することが、日本再生の第一歩なのです。それを理解していただけるのならば、それは筆者の望外の喜びです。

よく「創造的破壊」という言葉が使われますが、今回の震災は人命や財産など、あまりにも高価な犠牲を伴う破壊でした。

せめて、この破壊が市場主義にのっとった「豊かな国・日本」の創造につながって欲しいものだと思います。それが亡くなった方々へのせめてもの償いだと思います。

２０１１年５月

藤巻健史

藤巻健史(ふじまき・たけし)
1950年、東京生まれ。一橋大学商学部を卒業後、三井信託銀行に入行。80年に行費留学にてMBAを取得(米ノースウエスタン大学大学院)。85年米モルガン銀行入行。東京屈指のディーラーとしての実績を買われ、当時としては東京市場唯一の外銀日本人支店長に抜擢される。同行会長から「伝説のディーラー」のタイトルを贈られる。2000年に同行退行後は、世界的投資家ジョージ・ソロス氏のアドバイザーなどを務めた。1999年より一橋大学経済学部で非常勤講師として毎年秋学期に週1回の講座を受け持つ。現在、株式会社フジマキ・ジャパン代表取締役社長。「週刊朝日」で「案ずるよりフジマキに聞け」(毎週)、「日経ヴェリタス」で「フジマキの法則」(毎月)連載中。

マネー避難　危険な銀行預金から撤退せよ!
2011年6月25日　第1刷発行
2011年7月10日　第4刷発行

著　者　藤巻健史
発行人　見城 徹
編集人　福島広司

GENTOSHA

発行所　株式会社 幻冬舎
〒151-0051　東京都渋谷区千駄ヶ谷4-9-7
電話　03(5411)6211(編集)
03(5411)6222(営業)
振替00120-8-767643
印刷・製本所:株式会社 光邦

検印廃止

ISBN978-4-344-02010-8　C0095
幻冬舎ホームページアドレス　http://www.gentosha.co.jp/

この本に関するご意見・ご感想をメールでお寄せいただく場合は、
comment@gentosha.co.jpまで。